STEVE

**Un libro inspirador para los JÓVENES que
no están dispuestos a renunciar a sus sueños**

AUTODIDACTA

VISIONARIO

GENIO

INTUITIVO

ICONOCLASTA

DIFERENTE

INVENTOR

ALFAGUARA

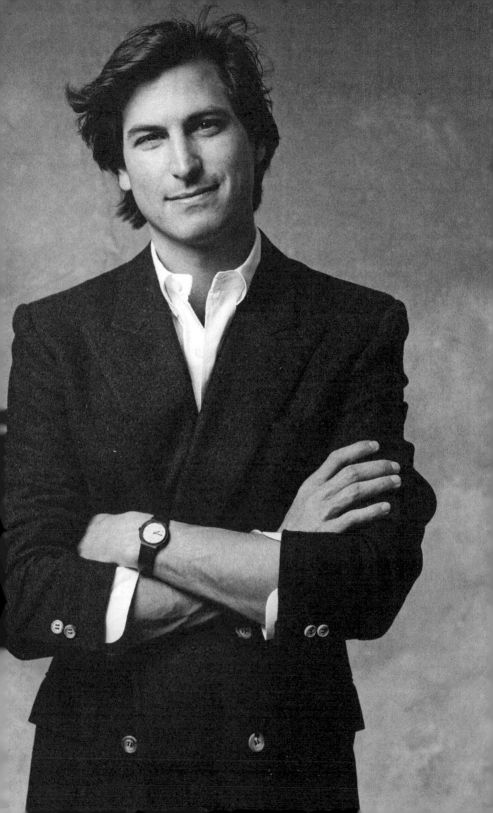

STEVE JOBS

**Un libro inspirador para los JÓVENES que
no están dispuestos a renunciar a sus sueños**

KAREN BLUMENTHAL

Traducción de Julio Hermoso Oliveras

www.librosalfaguarajuvenil.com

Título original: *Steve Jobs. The Man Who Thought Different*
© De texto: 2012, Karen Blumenthal
© De la traducción: 2012, Julio Hermoso Oliveras
© De la cubierta: 2012, A Feiwel and Friends Book. Macmillan
© De esta edición: 2012, Santillana Ediciones Generales, S. L.
Torrelaguna, 60. 28043 Madrid
Teléfono: 91 744 90 60

D.R. © de esta edición:
Santillana Ediciones Generales, S.A. de C.V., 2011
Av. Río Mixcoac 274, Col. Acacias
03240, México, D.F.

Alfaguara es un sello editorial del **Grupo Prisa**.
Éstas son sus sedes:

ARGENTINA, BOLIVIA, CHILE, COLOMBIA, COSTA RICA , ECUADOR, EL SALVADOR, ESPAÑA, ESTADOS UNIDOS, GUATEMALA, MÉXICO, PANAMÁ, PARAGUAY, PERÚ, PUERTO RICO, REPÚBLICA DOMINICA NA, URUGUAY y VENEZUELA.

Primera edición: abril de 2012

ISBN: 978-607-11-1891-2

Impreso en México

A Brad

Índice

Introducción

Tres historias

En un cálido día de junio de 2005, Steve Jobs asistió a su primera ceremonia de graduación universitaria: lo hacía como orador invitado. El multimillonario fundador y cabeza visible de Apple Computer no era otro ejecutivo estirado al uso. Pese a sus escasos cincuenta años de edad, aquel individuo que jamás terminó la carrera universitaria era una estrella del mundo de la tecnología, una leyenda viva para millones de personas en todo el planeta.

Apenas pasados los veinte, Jobs había presentado al mundo, casi sin despeinarse, la primera computadora que se podía poner sobre la mesa y era realmente capaz de hacer algo por sí sola de principio a fin. Revolucionó la música y la forma de escucharla de toda una generación con un reproductor minúsculo y elegante denominado iPod y una amplia selección de canciones disponible a través de la tienda iTunes. Fundó y desarrolló una empresa llamada Pixar que realizó las películas de animación por computadora más impresionantes —*Toy*

Story, Cars y *Buscando a Nemo*— y dio vida a aquellos personajes suyos como nunca antes hasta el momento se había hecho.

Aun sin ser ingeniero ni un genio de la informática, ayudó a crear un producto imprescindible tras otro gracias a un diseño centrado siempre en ti y en mí, sus verdaderos usuarios. Aunque lo desconocían quienes le escuchaban entonces, había más avances tecnológicos formidables entre bastidores, incluido el iPhone, dispositovo que pondría gran parte de la capacidad de una computadora en la palma de una mano. Padre de cuatro hijos, a Steve Jobs se le compararía en repetidas ocasiones con el inventor Thomas Edison y con el magnate de la automoción Henry Ford, quienes también introdujeron innovaciones tecnológicas que cambiaron la forma de vida de una generación entera.

A pesar de todo su éxito, Jobs también sufrió algunos fracasos muy sonados. Cuando tenía treinta años, ese carácter problemático y difícil hizo que lo relevaran de todas sus responsabilidades en Apple de manera fulminante. Se embarcó en un proyecto para levantar otra compañía de computadoras, erró el tiro y dilapidó millones de dólares de los inversores. Podía mostrarse inestable, gritar a sus socios, competidores y periodistas; a veces lloraba cuando no se salía con la suya, y acostumbraba a aceptar el mérito de las ideas de otros. Poseía la capacidad de ser a la vez encantador y brusco hasta la exasperación, al tiempo sensible y de una increíble mezquindad.

Ciertos momentos de su vida semejaban los ingredientes de un cuento de hadas: una promesa formulada días después de su nacimiento, romances, notables contratiempos y riquezas casi descomunales para darles crédito. Otros episodios fueron tan turbulentos y desagradables, tan humanos, que jamás podrían considerarse aptos para todos los públicos. Tan amado como odiado, admirado con pasión y despreciado con frecuencia, a Steve Jobs se le ha descrito con los calificativos más contundentes: visionario, *showman*, artista, tirano, genio, imbécil.

Con pantalones de mezclilla azules y tenis bajo la túnica de graduación, Jobs se aproximó al micrófono para hablar del mismo modo en que hablaba sobre cualquier materia: con intensidad y pasión, y en un breve discurso ante los veintitrés mil asistentes allí reunidos entre alumnos, familiares y amigos, compartió unas reflexiones muy personales acerca de sí mismo:

—Quiero contarles hoy tres historias que forman parte de mi vida.

Nada más. Solo tres historias que definían una existencia apasionante y servían de brújula diseñada para quienes se hallaban en el umbral de sus vidas adultas. Para comprender quién era Steve Jobs y en qué se convirtió, resultará de ayuda comenzar aquí, con la primera de esas tres historias.

Primera parte

«Lo importante es el camino,
no la meta»

Steve Jobs, a la izquierda, y sus amigos del colegio posando frente a la cámara en primero de secundaria.

1

Semillas

La primera historia de Steve Jobs consistía en «unir los puntos», y comenzó con una promesa de lo más inusual.

Joanne Schieble era una estudiante universitaria de Wisconsin que apenas tenía veintitrés años cuando supo que estaba embarazada. Su relación con otro universitario —de origen sirio— no contaba con la aprobación del padre de ella, y las costumbres de los años cincuenta no veían con buenos ojos a una mujer que tuviera un hijo fuera del matrimonio. Para eludir la presión social, Schieble se trasladó a San Francisco, acogida bajo el techo de un médico que se encargaba de cuidar de madres solteras y ayudaba a concertar adopciones.

En un principio, un abogado y su esposa habían accedido a adoptar al bebé que estaba en camino, pero cambiaron de idea cuando este nació, el 24 de febrero de 1955.

Paul y Clara Jobs, un matrimonio humilde de San Francisco con un cierto nivel de estudios de secundaria, llevaban un tiempo a la espera, así que cuando su teléfono sonó en plena noche se lanzaron ante la posibilidad de adoptar al recién nacido: lo llamaron Steven Paul.

Schieble quería que a su hijo lo adoptaran unos padres con formación universitaria, y cuando se enteró —antes de que el proceso de adopción se formalizara— de que ninguno de los dos miembros del matrimonio Jobs poseía título universitario alguno, se mostró reacia a seguir adelante. Solo accedió a completar el proceso unos meses más tarde, «cuando mis padres le prometieron que yo iría a la universidad», diría Jobs.

Entregado a la esperanza de un futuro brillante para su hijo, el matrimonio Jobs se acomodó y un par de años después adoptó a otra hija, Patty. El pequeño Steve resultó ser un niño muy curioso y también difícil de criar. Metió una horquilla en un enchufe eléctrico y se ganó un viaje directo a urgencias con quemaduras en una mano; ingirió veneno para hormigas y regresó al hospital a que le hicieran un lavado de estómago; para mantenerlo entretenido cuando se despertaba antes que el resto de la casa, sus padres le compraron un caballo de madera, un tocadiscos y unos viniles de Little Richard. Fue un niño tan difícil en sus tres primeros años que —tal y como ella misma confesaría en una ocasión— su madre llegó a preguntarse si había hecho bien al adoptarlo.

Cuando Steve cumplió cinco años trasladaron a su padre a Palo Alto, a unos cuarenta y cinco minutos al sur de San Francisco. Tras servir en la Guardia Costera durante la Segunda Guerra Mundial, Paul había trabajado como operario maquinista y como vendedor de coches de segunda mano, y en aquel entonces trabajaba en una compañía financiera dedicada a la gestión de cobros a morosos. En su tiempo libre reparaba coches usados y los vendía con un pequeño beneficio, dine-

Patty Jobs, fotografía del anuario escolar de 1972, en su primer año de escuela.

ro que iba a parar a la cartilla de ahorros para los futuros estudios universitarios de Steve.

En aquella época aún quedaban grandes áreas sin urbanizar en la zona meridional de San Francisco y contaban con un cierto número de huertos dispersos de chabacano y ciruelas. La familia adquirió una casa en Mountain View, y cuando montó su taller en el garaje, Paul aisló una pequeña zona y le dijo a su hijo: «Steve, a partir de ahora esta será tu mesa de trabajo». Le enseñó a usar un martillo y le dio un juego de herramientas más pequeñas. A lo largo de los años, recordaría Jobs, Paul «me dedicó muchísimo tiempo. Me enseñó a construir cosas, a desarmarlas y a montarlas de nuevo».

La cuidadosa pericia y la dedicación de su padre a los detalles más nimios dejó en Steve una huella profunda.

«Era una especie de genio con las manos, capaz de arreglar lo que fuera y hacerlo funcionar, de desmontar cualquier aparato mecánico y volver a montarlo», contaría Jobs a un entrevistador en 1985. Ante Steve, su padre también puso mucho hincapié en la importancia de hacer bien las cosas. El hijo aprendió, por ejemplo, que «si fueras un carpintero que está haciendo una cómoda maravillosa, con sus cajones, no le pondrías una lámina de contrachapado en la parte de atrás aunque fuera a quedar contra la pared y nadie fuera a verla nunca, porque tú sabrías que está ahí, por eso utilizarías una pieza de madera igualmente bonita».

Esa fue una lección que Steve Jobs aplicaría una y otra vez a los productos de Apple. «Para dormir bien por las noches, hay que llevar la estética y la calidad hasta sus últimas consecuencias», diría.

Clara también respaldaba a su hijo: por las tardes se dedicaba a cuidar a los niños de sus amigos para pagarle las clases de natación y, dado que Steve se mostraba interesado y era precoz, le enseñó a leer. Este punto supuso una gran ventaja para él en el colegio.

Por desgracia para Steve, saber leer llegó a convertirse en una especie de problema. Una vez en la escuela, «tenía verdaderas ganas de hacer dos cosas —recordaba él—: Quería leer, porque me encantaban los libros, y quería salir por ahí a cazar mariposas». Lo que no le apetecía en absoluto era que lo obligaran a seguir instrucciones. Se revolvía contra la estructura de la jornada escolar y pronto comenzó a aburrirse de estar en clase. Sentía que era distinto a sus compañeros.

Cuando tenía seis o siete años, le contó a la niña que vivía enfrente que era adoptado. «Entonces, ¿eso significa que tus verdaderos padres no te querían?», le preguntó ella.

La inocente pregunta le sentó como un puñetazo en el estómago y proyectó en su cabeza la sombra de un pensamiento aterrador que no se le había ocurrido hasta la fecha. Entre sollozos, echó a correr hacia su casa, donde sus padres se apresuraron a consolarlo y a desterrar aquella idea por completo.

—Se pusieron muy serios y me miraron a los ojos —contó él—, y me dijeron: «Te escogimos a ti de manera específica».

Y, en efecto, sus padres pensaban que era alguien muy especial: excepcionalmente brillante, aunque también excepcionalmente obstinado. Más adelante, tanto amigos como colegas dirían que su empuje y su necesidad de control surgían de un sentimiento de abandono muy arraigado.

—Saber que era adoptado quizá pudo hacer que me sintiera más independiente, pero nunca me he sentido abandonado —reveló a un biógrafo—. Siempre me he sentido especial. Mis padres me hicieron sentir que era especial.

Algunos de sus profesores, sin embargo, lo veían más como a un niño problemático que como a un niño especial.

A Jobs, el colegio le parecía tan espantoso y aburrido que un amigo suyo y él pasaban sus ratos más divertidos cuando se metían en líos. Un ejemplo: muchos de los alumnos iban al colegio en bicicleta y las aparcaban con candados en unos soportes en el exterior de la escuela de primaria Monta Loma; cuando estaban en tercero, Jobs y su amigo intercambiaron las combinaciones de sus propios candados con muchos de sus compañeros y otro día, tiempo después, salieron y cambiaron todos los candados.

—No terminaron de solucionar el lío de las bicicletas hasta las diez de la noche —recordaba el fundador de Apple.

En todo caso, su peor conducta quedaba reservada para la profesora. Él y su amigo llegaron a soltar una serpiente en el aula, y a preparar una pequeña explosión bajo su silla.

—Le provocamos un tic nervioso —contó Jobs más adelante.

Lo enviaron a casa en dos o tres ocasiones a causa de su mala conducta, pero él no recordaba que aquello le hubiera valido castigo alguno; en cambio, su padre le defendió y dijo a los profesores: «Si no son capaces de mantener su interés, la culpa es de ustedes».

En cuarto curso lo rescató una profesora muy especial: Imogene *Teddy* Hill, quien se deshizo en atenciones hacia él durante una época particularmente complicada en casa. Impresionado por un vecino al que parecía irle de maravilla en el negocio inmobiliario, Paul Jobs comenzó a asistir a la escuela nocturna y obtuvo una licencia como agente de la propiedad inmobiliaria. Sin embargo, aquel no resultó ser el mejor momento, y la demanda de viviendas se desplomó justo cuando él trataba de abrirse camino en el negocio.

Un buen día, la señora Hill preguntó a sus alumnos: «¿Qué es lo que no entienden del universo?». El joven Jobs respondió: «No entiendo por qué mi padre se quedó sin dinero de repente». Clara, su madre, aceptó un trabajo a tiempo parcial en la oficina de pago de nóminas de una empresa local, y la familia firmó una segunda hipoteca sobre su vivienda. Durante más o menos un año, en casa de los Jobs contaron con un presupuesto bastante ajustado.

A las pocas semanas de tener a Steve en su clase, la señora Hill ya había calado a su insólito alumno y le había ofrecido un pacto muy atractivo: si era capaz de terminar él solo un cuaderno de problemas de matemáticas con un mínimo del 80 por ciento de soluciones correctas, le daría 5 dólares y una paleta de dulce enorme.

—Me quedé mirándola como si le estuviera diciendo: señora, ¿está usted loca? —contó Jobs. Aun así aceptó el reto, y no pasó mucho tiempo antes de que su admiración y respeto hacia la señora Hill fueran tan grandes que no necesitó más sobornos.

La admiración era recíproca, y la profesora facilitó a su precoz alumno un kit para fabricar una cámara, con el que tenía que pulir su propia lente. Sin embargo, aquello no implicaba que Jobs se convirtiera en un niño fácil. Muchos años después, algunos compañeros de trabajo de Jobs pasaron un buen rato cuando la señora Hill les mostró una fotografía de su clase en el día de Hawái. Steve se encontraba en el centro, ataviado con una camisa hawaiana, si bien la fotografía solo contaba una parte de la historia: Jobs no había aparecido con una camisa hawaiana aquel día, sino que se las arregló para convencer a un compañero de clase de que se la prestara.

Jobs diría de su profesora que era «uno de los santos de mi vida», y afirmó que pensaba que «aquel año aprendí más que en cualquier otro curso»: otorgó a la señora Hill el mérito de haberlo puesto en la senda correcta.

—Estoy seguro al cien por cien de que si no llega a ser por la señora Hill en cuarto, habría acabado en la cárcel, sin ninguna duda.

Con un renovado interés en las clases y unos resultados que parecían hallarse en el buen camino, Jobs se sometió a una serie de exámenes y obtuvo unas calificaciones tan altas que el colegio recomendó que pasara a un curso dos años superior al que le correspondía. Sus padres accedieron a que fuera solo un año por delante.

La secundaria resultó más dura académicamente hablando, y Steve seguía queriendo ir por ahí a cazar mariposas. Un informe de sexto curso decía de él que era «un lector excelente», pero también apuntaba que «tiene grandes dificultades a la hora de motivarse o de encontrarle sentido al hecho de sentarse a estudiar». Constituía también «un problema de disciplina en ciertos momentos».

El séptimo curso trajo consigo un grupo peor de compañeros de clase. Las peleas eran habituales, y algunos alumnos acosaban al chico enclenque que era un año menor que el resto. Jobs lo pasó mal, y a mitad de aquel año dio un ultimátum en casa:

—Dijo que no volvería al colegio, sin más —recordaba su padre, y se lo tomaron muy en serio—. Así que decidimos que lo mejor sería mudarnos.

Sus padres reunieron lo poco que tenían y compraron una casa de tres habitaciones en Los Altos, un lugar donde los colegios eran de primer nivel, y también seguros. Allí, en principio, su hijo superdotado podría centrarse en los estudios, pero a mediados de los años sesenta los tiempos estaban cambiando, y Steve Jobs pronto tendría otras cosas en la cabeza.

«For the times they are a-changin'»

«Pues los tiempos están cambiando»

Bob Dylan

2

Woz

El traslado de colegio fue sin duda lo mejor, y Jobs se encontró con otros chicos que compartían sus aficiones; allí haría amistades que, con el tiempo, cambiarían su vida.

Tuvo también la suerte de crecer en el valle de Santa Clara, un entorno atestado de ingenieros y técnicos dispuestos a ayudarle a aplacar su creciente fervor por el campo en auge de la electrónica.

Cuando se percató de que su hijo no compartía su afición por los coches, Paul Jobs le trajo a Steve todo tipo de cachivaches electrónicos para que los desmontara. Steve halló también un mentor en su antiguo barrio, un ingeniero de Hewlett-Packard llamado Larry Lang: había despertado el interés del muchacho con un micrófono de carbón antiquísimo que había situado en el paseo de entrada a su casa y que no necesitaba de un amplificador electrónico. Lang introdujo al chico en el mundo de los Heathkits, conjuntos de componentes electrónicos e instrucciones detalladas para que los amantes del hobby fabricaran radios y otros aparatos similares.

—La verdad es que pagabas más por ellos que si compraras un nuevo producto terminado —recordaba Jobs.

Aun así, le llamó la atención cómo el hecho de montar los kits le ayudaba a comprender el funcionamiento de las cosas y le hizo sentir confianza al respecto de los aparatos que era capaz de fabricar.

—Aquellos objetos dejaron de ser un misterio. Es decir, si te fijabas en el aparato de televisión, pensabas: «No he montado una de esas, pero podría hacerlo. Hay una en el catálogo de Heathkit, y, como ya he montado otros dos kits, también podría montar una» —decía Jobs—. Ser capaz de comprender unos objetos en apariencia tan complejos a través de la observación y el aprendizaje significó una inyección tremenda de confianza en mí mismo.

Steve mantuvo el contacto con Lang aun después de que la familia Jobs se mudó, y este le ayudó a participar en uno de los Explorers Club de Hewlett-Packard: todos los martes, Jobs se reunía con otros estudiantes en la cafetería de la compañía para escuchar cómo los ingenieros hablaban sobre su trabajo. Fue durante una de esas visitas cuando vio por vez primera una computadora de escritorio. En los años sesenta, las computadoras variaban en tamaño desde algo similar a un refrigerador hasta llegar a ocupar una habitación entera y, por lo general, había que mantenerlas frías con aire acondicionado para evitar que se calentaran en exceso. En 1968, Hewlett-Packard había desarrollado el 9100A, su primera calculadora científica de escritorio, y la había anunciado como un «equipo personal diez veces más rápido que la mayoría de máquinas a la hora de resolver problemas científicos y matemáticos».

—Era gigantesco y podía pesar unos dieciocho kilos, pero era una belleza —dijo Jobs—. Me enamoré de él.

Mientras intentaba construir su propio frecuencímetro, un aparato para medir los impulsos de una señal electrónica, Steve se encontró con que le faltaban piezas. No se lo pensó dos veces y se fue a por la guía telefónica, buscó el número del fundador de HP —Bill Hewlett— y le llamó a casa. Hewlett atendió la llamada con toda cortesía y recibió a Jobs en una visita que duró veinte minutos. Una vez finalizada la charla, Steve había conseguido las piezas que le faltaban, así como el contacto para un trabajo de verano, uno que pasó en la cadena de montaje poniendo tornillos en unos frecuencímetros que se utilizaban en fábricas y laboratorios.

—Estaba en el paraíso —recordaba.

La gente como Bill Hewlett colaboró a la hora de que el valle de Santa Clara se convirtiera en un imán para ingenieros y técnicos especialistas. Además de la creciente actividad de Hewlett-Packard en Palo Alto, otras compañías como la división de misiles de la Lockheed Corporation en Sunnyvale, un centro cercano de investigación de la NASA, y la

Fairchild Semiconductor en San José generaban una oferta de empleos técnicos cada vez mayor. A esto había que añadir cuán cerca se hallaban la Universidad de Stanford, en Palo Alto, y la de California-Berkeley, un poco más al norte: dos hervideros de ciencia y tecnología.

La infancia de Steve Jobs transcurrió en una época de rápida innovación en el mundo de la electrónica, la tecnología y la ciencia del control del flujo invisible de la electricidad necesaria para que funcionen las cosas. A finales de los años cuarenta, tres científicos que trabajaban en los laboratorios Bell de la AT&T —John Bardeen, Walter Brattain y William Shockley— inventaron el transistor, un aparatito capaz de dirigir y amplificar los electrones. Este transistor estaba hecho sobre un material denominado «semiconductor», que no llegaba a ser un verdadero aislante ni tampoco un conductor y que enviaba corrientes eléctricas en una dirección pero no en la otra. Al tiempo, el silicio se convertiría en el material semiconductor por excelencia, y aquellos dispositivos minúsculos resultantes recibirían el nombre de semiconductores o «chips».

Al reemplazar a los tubos de vacío, más voluminosos y menos fiables, los transistores pasarían a ser la base de todos los productos electrónicos, y permitirían a los científicos e ingenieros crear aparatos cada vez más pequeños como los «transistores» de radio que se podían guardar en un bolsillo, televisiones que cabían en una estantería y, finalmente, una computadora susceptible de ser colocada sobre un escritorio.

A medida que Hewlett-Packard y las demás compañías iban creciendo y avanzaban en la fabricación de nuevas líneas de producto, semiconductores y dispositivos con capacidades que se superaban sin cesar, los individuos más ambiciosos se marchaban de estas empresas para poner en marcha las suyas propias e idear así más innovaciones. Fue, en palabras posteriores de Jobs, «como cuando soplas esas flores o plantas que esparcen sus semillas en todas direcciones».

Con tanta actividad y dedicación centrada en los chips y los circuitos, más y más gente se iba trasladando a la zona: las máquinas de las constructoras fueron haciendo desaparecer los huertos en pro del desarrollo urbanístico, y la población de San José se multiplicó por dos entre 1960 y 1970, mientras que en el caso del cercano Cupertino se cuadruplicó. Muy pronto, la zona pasaría a ser conocida como «el valle del silicio»: Silicon Valley.

En los primeros años de secundaria de Steve, Paul Jobs trabajaba para una empresa que fabricaba láseres para componentes electrónicos y de uso médico, así que el hijo desarrolló también un cierto interés en ese campo y montó el suyo propio a base de componentes que se había agenciado o que le había traído su padre, con quien compartía de vez en cuando sus trabajos de la escuela.

Steve entabló una buena amistad con Bill Fernandez, un compañero de clase, y ambos compartieron trabajos de ciencias y otras aficiones. En aquellos años solían dar largos paseos al atardecer, en los que charlaban acerca de todo tipo de cuestiones muy serias, desde la guerra de Vietnam hasta las chicas, desde las drogas hasta la religión (es más, durante toda su vida Jobs atacaría las cuestiones complicadas y las grandes ideas a base de comentarlas durante sus largos paseos).

Jobs había dejado de asistir a la iglesia luterana a los trece años, después de plantarse frente al pastor con un artículo de una revista: hablaba de los niños que morían de hambre en África. «¿Tiene Dios conocimiento de esto y de lo que les va a pasar a estos niños?», preguntó al pastor. Cuando el hombre le reconoció que «sí, Dios lo sabe», Jobs decidió que no podía creer en tal dios. Aun así, Fernandez y él pasaban horas debatiendo sobre cuestiones espirituales.

—A los dos nos interesaba la faceta espiritual de las cosas, las grandes preguntas: ¿quiénes somos?, ¿de qué va todo esto?, ¿qué sentido tiene? —decía Fernandez—. Por lo general, era Steve quien hablaba. Traía su tema del día, algo que tuviera en la cabeza, y le dábamos vuelta durante horas, mientras paseábamos.

El año en que Steve Jobs entró en el instituto, 1968, fue uno de los más tumultuosos de la historia reciente de los Estados Unidos. En el mes de abril caía asesinado Martin Luther King, Jr., quien había combatido la discriminación racial por medios no violentos. Un par de meses después de aquello le llegaba el turno al candidato a la presidencia Robert Kennedy: fue tiroteado y asesinado tras un mitin de campaña. La oposición a la guerra de Vietnam alcanzó su punto álgido con la revuelta de los manifestantes antibelicistas en la convención nacional del partido demócrata en Chicago.

Entretanto, se estaba produciendo un fenómeno social tan nuevo como curioso. Un artículo de portada de la revista *Time* de 1967 con el título de «Los hippies» describía a ciertos jóvenes en su mayoría de clase media, raza blanca y con buena formación, que «abandonaban» y rechazaban las sendas de la universidad y el trabajo tradicional en busca de la paz, el amor y el conocimiento, en parte por medio de la experimentación con drogas como la marihuana y el LSD. Estos hippies —que recibían tal nombre del término juvenil de los cincuenta *hip* o *hipster*, «a la última»— vestían atuendos coloridos, escuchaban música acid-rock como la de Jefferson Airplane o Grateful Dead y se dejaban el pelo largo. El epicentro de este movimiento se hallaba en el barrio de Haight-Ashbury, en la cercana ciudad de San Francisco.

En contraste, el instituto Homestead en el que ingresó Jobs ese año seguía perteneciendo a un entorno residencial, clásico y protegido. El campus de aquel instituto, con los edificios de una o dos plantas que lo formaban y rodeado de una alambrada de espino, tenía el aspecto de una penitenciaría. La inmensa mayoría de los quinientos estudiantes de la promoción del 72 era de raza blanca: Steve tenía un par de compañeros negros y algún que otro asiático. El estricto código de imagen obligaba a los chicos a cortarse el pelo por encima de las orejas, y los pantalones vaqueros estaban prohibidos, de manera que ellos llevaban pantalones de vestir y ellas, vestidos o faldas cuya longitud solo podía variar dentro de los siete centímetros y medio de pierna que comprendían sus rodillas.

A ojos de sus compañeros de clase, Steve podía resultar frío y tenso, y dar la impresión de poseer una extrema confianza en sí mismo, incluso excesiva, pero también lo tenían por inteligente y muy buen estudiante. Carlton Ho, que en aquella época dirigía la banda del instituto y hoy día es catedrático de Ingeniería de Caminos, recuerda lo frustrado que dejaron a un profesor de matemáticas entre Jobs y él cuando se pasaron toda la clase mirando catálogos de productos científicos de la marca Edmund Scientifics y debatiendo las posibles opciones.

En su tercer año, Bill Fernandez, el amigo de Steve, comenzó a pasar las tardes y los fines de semana ayudando a su vecino, Steve Wozniak, que estaba montando una computadora pequeña en su garaje. Wozniak —que era casi cinco años mayor que Jobs e iba cuatro cursos por delante— había sido uno de los alumnos estrella del instituto Homestead en matemáticas, ciencias y electrónica. Pese a que su familia en realidad no podía permitírselo, lo habían enviado a la Universidad de Colorado, en Boulder, a estudiar un año, pero a Wozniak —o *Woz*, como le llamaban sus amigos— le interesaba más experimentar con las posibilidades de las grandes computadoras del campus y jugar al bridge hasta altas horas de la noche. El resto de sus calificaciones sufrió las consecuencias al final del curso, y Woz regresó a casa para estudiar informática en una escuela técnica.

Steve Jobs, fotografía del anuario escolar de 1971, en su tercer año de instituto.

Por aquel entonces, a los jóvenes de veinte años se les otorgaba un número que dependía de su fecha de nacimiento y con el que entraban en un sorteo anual para prestar el servicio militar. El número de sorteo correspondiente a la fecha de nacimiento de Wozniak era muy alto, y eso significaba que las probabilidades de que le tocara eran muy bajas, pero aun así, puesto que no sabía con certeza si le llamarían a filas durante la guerra de Vietnam y tampoco tenía dinero para asistir a la universidad, Woz se apartó un año de los estudios y comenzó a trabajar como programador para una empresa.

Si a Jobs y a Fernandez les interesaba mucho la electrónica, a Wozniak le obsesionaba. Llevaba años coleccionando manuales que explicaban cómo estaban hechas las minicomputadoras, una versión reducida de los equipos originales, y había estudiado sus componentes y conexiones. A continuación, para pasar el rato, había intentado esbozar un diseño que permitiera fabricarlas con menos piezas.

El equipo que estaban montando Wozniak y Fernandez no tenía mucho de interesante: estaba hecho a base de piezas que habían sacado de aquí y de allá, y apenas tenía memoria suficiente para almacenar 256 caracteres escritos, más o menos una frase. Wozniak era capaz de escribir pequeños programas en tarjetas perforadas que hacían que la computadora pitara cada tres segundos, o que llevara a cabo una función encendiendo unas luces que tenía en la parte frontal. No contaba con teclado ni pantalla, y la capacidad de memoria era demasiado reducida para efectuar cálculos matemáticos simples. Aun así, podía ejecutar un programa. Lo apodaron el «Cream Soda Computer», la computadora «refresco de vainilla», dada la gran cantidad de botellas que se bebieron mientras la montaban. Aquel equipo sufrió una muerte prematura cuando una subida de tensión procedente de la fuente de alimentación hizo explotar los circuitos en una columna de humo.

Fernandez se percató de que a sus dos amigos les gustaba la electrónica y también hacer bromas, así que habían de conocerse. De manera que un día, Jobs cogió su bicicleta y fue a verlos. Wozniak se encontraba calle abajo, lavando el coche. «¡Eh, Woz! —gritó Fernandez—. Ven aquí, que voy a presentarte a Steve».

A pesar de la diferencia de edad, uno y otro congenia-ron desde el principio. Jobs admiraba que Wozniak supiera más de electrónica que él, y sentía que su propia madurez encajaba con la inmadurez de Wozniak. Por su parte, este reconoció que «Steve las cazaba al vuelo, y me cayó bien. Era un tío esquelético y escuálido, pero y lleno de energía».

Comenzaron a andar juntos: Wozniak introdujo a Jobs en la música y las poderosas letras de Bob Dylan, y ambos se lanzaron a buscar las grabaciones de sus conciertos. No tar-darían mucho en convertirse en socios de un negocio de lo más inusual; e ilegal también.

Steve Jobs, fotografía del anuario escolar de
1972, su último año de instituto.

Steve Wozniak, fotografía del anuario escolar de 1968, su último año de instituto.

3

Los *phreaks*

La transición del segundo al tercer año en el instituto fue sin duda un periodo lleno de sucesos para Jobs.

El verano posterior al décimo curso, Steve prosiguió con su trabajo de invierno: era dependiente en un comercio local que llevaba un amplio catálogo de componentes electrónicos, algo muy similar a los *outlets* de repuestos de automóvil a los que su padre le había llevado de niño. Allí desarrolló un vasto conocimiento de los componentes electrónicos y de sus precios, al tiempo que aprendía las normas elementales de un negocio. Entendió el concepto de beneficio de manera casi intuitiva, la diferencia entre lo que la tienda pagaba por la mercancía y el precio al que podía venderla; compraba algunas piezas en el mercadillo de tanto en tanto, y se las vendía al propietario del negocio con un margen de beneficio, para que este las vendiera de nuevo a un precio aún más elevado.

Gracias a sus ingresos diversos, Steve pudo comprarse un coche: un Fiat de color rojo, pequeño y a menudo poco fiable, que le brindó la posibilidad de moverse y visitar a amigos mayores que él en las universidades de Stanford y Berkeley.

Conforme llegaban los años setenta, la guerra de Vietnam iba perdiendo fuerza poco a poco, y la cultura hippie comenzó a filtrarse por el valle. Jobs, en continua búsqueda de los límites, se inició en la experimentación: se dejó el pelo largo y empezó a fumar marihuana. Su padre se llevó un disgusto y un buen enfado cuando descubrió las drogas en el coche de su hijo, e intentó arrancarle la promesa de que no volvería a hacerlo, pero el más joven de los dos Jobs se negó. «Esa fue la única pelea de verdad que tuve con mi padre», llegó a decir. Al mismo tiempo, sus aficiones se fueron ampliando más allá de las ciencias, las matemáticas y la electrónica. «Descubrí a Shakespeare, a Dylan Thomas y otros clásicos por el estilo. Me leí *Moby Dick* y, al volver en mi penúltimo año, me matriculé en Literatura», diría Steve.

El instituto Homestead relajó la dureza de su código de imagen y permitió los pantalones vaqueros. Jobs se juntó con un amigo y fundó el club Buck Fry, un giro poco respetuoso sobre el apellido del director que, sin embargo, contaba con el patrocinio del profesorado. Aquel pequeño círculo se dedicaba a organizar conciertos con grupos estudiantiles de jazz, blues o rock progresivo, y, gracias a los conocimientos sobre el láser que poseía Steve, los chicos crearon un complejo sistema de juegos de luces que se iluminaban al ritmo de la música y sumergían el escenario en un arco iris.

El Buck Fry también se hizo famoso por sus desmanes, como cuando pintaron de dorado la tapa de un retrete y la pegaron sobre un tiesto. Una vez, invitaron al director a desayunar con ellos. El lugar elegido resultó ser muy especial: habían preparado una mesa y unas sillas en la azotea de la cafetería del instituto, y se las habían apañado para subir hasta allí un Volkswagen Escarabajo.

Un día, Wozniak le enseñó a Steve su «inhibidor de televisión», un aparato de bolsillo que había fabricado en su primer año de facultad: aquel artilugio interfería con la señal televisiva y hacía que la imagen se perdiera. Woz encendía el aparatito cuando sus compañeros de la residencia universitaria estaban viendo la tele, de manera que alguno de ellos se levantaba a toquetear los mandos del sintonizador, y Woz se dedicaba a jugar con su desafortunada víctima: lo apagaba justo cuando su compañero tocaba el aparato de televisión y así le hacía creer que aquel toque era el que lo arreglaba. A veces, por medio de este procedimiento, Wozniak llegaba a hacer que el iluso televidente se contorsionara como un ocho tocando aquí y allá. La broma impresionó tanto a Jobs que, más de treinta años después, cuando dejó de funcionar el mando a distancia que estaba utilizando en una presentación del iPhone, detuvo el acto un minuto para contar aquella historia del inhibidor de Woz y mostrar cómo se podía acabar a la pata coja y con los brazos hechos un nudo.

Próximo ya el final del penúltimo año de instituto de Jobs, los dos Steves y un amigo de Wozniak se confabularon para felicitar con un cartel muy especial a la promoción que se graduaba entonces. Utilizaron una sábana teñida en la que dibujaron —con gran realismo— una mano que mostraba el dedo corazón en ese gesto tan universal de rechazo, y le añadieron un alegre «Con nuestros mejores deseos». La firma que utilizaron fue SWAB JOB, una mezcla de sus iniciales y el apellido Jobs.

El trío había planeado colgar el letrero del tejado de uno de los edificios y desplegarlo al paso de los recién graduados. Tuvieron ciertos inconvenientes a la hora de desenrollar el cartel como querían, y los tres se pasaron varias noches trabajando para solucionarlo, pero el día de la ceremonia de graduación Wozniak recibió una llamada de Jobs: alguien había retirado el cartel, y a él lo habían cazado.

Más adelante, Wozniak se enteraría de que Jobs había estado pavoneándose sobre el asunto con algunos amigos, y uno de ellos lo había echado todo a perder.

Wozniak regresó a la universidad en el otoño de 1971, esta vez a Berkeley, a una hora de camino hacia el norte de Los Altos. No había empezado siquiera las clases cuando su madre le llamó la atención sobre un artículo poco habitual en la revista *Esquire:* un grupo de precursores de los hackers informáticos estaba fabricando unos aparatitos que llamaban «cajas azules» y que emitían los mismos sonidos que utilizaba la compañía telefónica para transmitir las llamadas. Al reproducir los tonos en la frecuencia exacta, el dispositivo permitía a un usuario apoderarse de la línea y realizar llamadas gratis a cualquier lugar del mundo. Se autodenominaban «phone *phreaks*», los hackers telefónicos.

Wozniak quedó obnubilado con aquello de burlar a la compañía telefónica. Hay que tener en cuenta que apenas acababa de brindarse la posibilidad de que un usuario pudiera hacer llamadas internacionales directas desde su teléfono, sin pasar por una operadora; décadas antes de los teléfonos móviles, los clientes solo tenían una compañía con la que contratar el servicio, y las conferencias de larga distancia eran muy caras: una llamada de tres minutos de costa a costa de los Estados Unidos, por la noche o en fin de semana, costaba unos 70 céntimos de dólar, el equivalente a unos 4 dólares actuales (más de 50 pesos), y las llamadas durante días hábiles eran aún más caras. El potencial era asombroso.

Embelesado, Wozniak llamó a su amigo Steve Jobs y le leyó el artículo. Aquel mismo día, la pareja se dirigió a la biblioteca para investigar sobre el asunto y dio con las frecuencias exactas en unos documentos técnicos. Wozniak dedicó varios meses al diseño y fabricación de su propia «caja azul»: otros habían utilizado grabaciones de los tonos en cintas magnetofónicas o sus propios silbidos para hacerse con las líneas, pero él quería utilizar los chips digitales que estaban sacando las compañías de su entorno para hacerla funcionar.

Se lanzaron también a la búsqueda de un personaje que salía en la historia del *Esquire,* el Capitán Crunch: uno de los pioneros de la tecnología, que había adoptado aquel apodo tras descubrir que el silbato de plástico que regalaban con los cereales Cap'n Crunch, si se soplaba del modo apropiado, daba la frecuencia justa para hacer una llamada de larga distancia. Jobs y Wozniak lo localizaron a través de un conocido y le invitaron a un encuentro.

El hombre que se presentó frente a la puerta del dormitorio de Wozniak no se parecía ni de lejos al apuesto capitán de los anuncios. El pelo le caía por un lado de la cara, le faltaban varios dientes y, dado que vivía en una furgoneta Volkswagen, no se había duchado en una buena temporada. Pasaron varias horas haciéndose con más detalles acerca de cómo sacarle partido a la caja e intercambiando códigos y técnicas de marcado.

Bien entrada ya aquella noche, Wozniak y Jobs se dirigían de regreso a la casa del segundo en Los Altos cuando se averió el pequeño Fiat rojo. Localizaron una cabina y le pidieron a la operadora que les marcara el número de una línea 800, gratuita, con la intención de usar la cajita azul para solicitar asistencia. Sin embargo, la operadora de la compañía telefónica se había olido algo raro y no cesó de interrumpirles la llamada. Justo cuando se disponían a echar unas monedas en la cabina para realizar una llamada legal, un coche patrulla de la policía se detuvo junto a ellos.

Los agentes registraron a los dos jóvenes, y uno de ellos extrajo la cajita del bolsillo del abrigo de Wozniak y le preguntó qué era aquello. Wozniak le contó que era un sintetizador musical, un invento relativamente nuevo. La pareja iba poniéndose cada vez más nerviosa conforme la interrogaba la policía, pero aun así, por lo visto sus respuestas fueron satisfactorias, de manera que los agentes los llevaron hasta una gasolinera y les devolvieron la cajita.

En un principio, Jobs y Wozniak la utilizaron para su propia diversión. Jobs, por ejemplo, la usó para hacer llamadas desde la cabina del instituto a una línea de Gran Bretaña en la que se podían contar y escuchar chistes. Dejó una nota en el teléfono para sus compañeros: «Escucha, pero no cuelgues». Una noche, a altísimas horas de la madrugada, Wozniak llegó a llamar al Vaticano haciéndose pasar por Henry Kissinger, entonces consejero de seguridad nacional del presidente Richard Nixon, y solicitó hablar con el Papa. La primera reacción de su interlocutor al otro lado del teléfono fue decirle que enviaban a alguien a despertarle, pero enseguida se percató de lo que sucedía cuando Wozniak no fue capaz de aguantar la risa.

A pesar de su roce con la ley, Jobs tardó muy poco en tener otro arrebato. «Vamos a venderlas», le dijo a Wozniak. Los pedidos fueron entrando, y Wozniak se las ingenió para bajar los costos de las piezas de los 80 a los 40 dólares, de forma que vendían las cajitas por 150 dólares a los estudiantes y por 300 al resto. Bajo el apodo *phreak* de «Berkeley Blue», en el caso de Wozniak, y de «Oaf Tobark» en el de Jobs, ambos lograron considerables beneficios.

Una tarde de verano, los dos fueron al encuentro de un posible cliente. Estaban presentándole su propuesta cuando el cliente sacó un arma y apuntó a Jobs. Al darse cuenta de inmediato de que no obtendrían nada bueno discutiendo, Steve le entregó la caja.

Poco tiempo después, decidió abandonar el negocio. Aquello empezaba a aburrirle, y la combinación de los riesgos de recibir un disparo y de que lo atraparan vendiendo algo ilegal fue demasiado grande. Wozniak continuó, sin embargo, y llegó a vender cerca de doscientas cajitas. Aun después de que Jobs lo dejara, Woz siguió compartiendo los beneficios con su amigo a partes iguales, exactamente como habían hecho al principio.

Es posible que la experiencia tuviera un resultado inesperado y de muy larga duración. Ron Rosenbaum, autor de aquel artículo de *Esquire* de 1971, afirmaría más adelante que ese primer contacto de Jobs y Wozniak con el notorio proscrito Capitán Crunch —cuyo nombre real era John

Draper— bien pudo ser una de las razones por las cuales, años más tarde, los hackers se centraran en los equipos fabricados por otras compañías y dejaran los Apple en paz.

Según se iba acabando su tiempo en el instituto, Jobs comenzaba a rebelarse contra las expectativas tradicionales. Perfeccionó una mirada fija y sin pestañear que ponía nerviosa a la gente; empezó a experimentar con ayunos y dietas rígidas, como la de comer solo frutas y verduras; probó el LSD con su primera novia, Chrisann Brennan. También llamado «ácido», el LSD es una droga ilegal que hoy día se considera muy peligrosa; hace cuarenta años, no resultaba extraño conocer gente que experimentara con ella en un esfuerzo por alcanzar un estado de conciencia más profundo.

Con diecisiete cumplidos, Jobs era un muchacho flaco, con el pelo largo, barba irregular y una considerable angustia.

—Iba arrastrándose por ahí con pinta de estar medio loco —afirmaba Brennan, pero cuando estaban los dos juntos, se mostraba como un adolescente silencioso, tímido, divertido y romántico al que le encantaban la poesía, Dylan y tocar la guitarra—. En nuestra primera o segunda cita me dijo que algún día sería millonario, y yo le creí. Steve era capaz de ver el futuro.

Llegado el final de curso, y para mayor espanto de su padre, Jobs decidió que pasaría el verano con Brennan en una cabaña con vistas sobre el valle. Si bien el propietario lo había rechazado como inquilino en primera instancia, Steve no era de los que aceptan un no por respuesta, y el dueño acabó por alquilarle una habitación, así que Jobs y Brennan pasaron allí gran parte del verano. Su padre se lo había prohibido, pero como tantas otras veces, él lo hizo de todas formas y sin consecuencias. Su padre llegó incluso a acudir en su ayuda cuando el Fiat rojo se incendió.

Con la intención de ganar un dinero que le permitiera arreglar el coche y llegar a fin de mes, tanto él como Brennan, Wozniak y un amigo de este último consiguieron un empleo bien pagado haciendo de personajes de *Alicia en el País de las Maravillas* en un centro comercial de la localidad. Brennan hacía de Alicia, y los chicos se turnaban para hacer de Sombrerero Loco y de Conejo Blanco: se ponían unas cabezas enormes que les llegaban hasta las rodillas. El clima era húmedo, el aire acondicionado del centro comercial estaba averiado y los disfraces pesaban mucho. Los chicos salían corriendo hacia los vestuarios a intervalos regulares para beber agua e intercambiarse las cabezas.

Wozniak pensaba que era divertido, pero no así Jobs: «Los disfraces pesaban una tonelada, y, pasadas unas cuatro horas, te daban ganas de borrar del mapa a algún que otro niño», —aseguraba.

Aun con todo, las penas duraron bien poco. El verano llegaba a su fin, y Steve pronto se marcharía a la universidad tal y como sus padres habían prometido tantos años atrás.

Sin embargo, aquel joven tan terco no tardaría en hacer las cosas a su propia manera, una vez más.

El Reed College.

4

La universidad

Paul y Clara Jobs se tomaron muy en serio la promesa de enviar a su hijo a la universidad, y a lo largo de los años lograron meter algún dinero debajo del colchón. Pero lo cierto es que nunca llegaron a ganar mucho, para empezar, y tampoco es que pudieran ahorrar demasiado. Su hijo no veía la situación del mismo modo.

Llegado el momento de solicitar universidad, a Steve no le interesaban los numerosos campus de la Universidad de California, si bien una universidad pública como la de Berkeley hubiera salido mucho más barata. Varios de sus compañeros de clase fueron a Stanford, y él podía haber conseguido allí una beca, pero rechazó la idea, también, con la conclusión de que era demasiado formal para él y una mejor elección para aquellos jóvenes que sí sabían hacia dónde se dirigían.

Tras visitar a un amigo en el Reed College, una pequeña escuela universitaria privada de humanidades en Portland,

Oregón, Steve encontró lo que buscaba. El Reed College contaba con un alumnado de mil doscientos estudiantes —mucho más pequeño que el del instituto Homestead— y tenía fama de atraer a librepensadores y otros intelectuales, así que el corazón de Jobs apuntó en aquella dirección y fue admitido. No obstante, la matrícula y las tasas del curso escolar 1972-73 ascendían a 3.950 dólares (unos 21.400 dólares actuales, que equivalen a casi 273.000 pesos), y eso era, simplemente, más de lo que sus padres se podían permitir pagar.

Paul Jobs se quedó horrorizado ante tales costos e intentó que su hijo cambiara de opinión. También su madre lo intentó, pero ambos acabaron por perder la batalla como ya les había sucedido con tantas otras.

—Steve dijo que aquella era la única universidad a la que deseaba ir, y que si no podía ir allí, no quería ir a ninguna —contó Clara Jobs.

Por lo tanto, y una vez más, sus padres cedieron y entre los dos arañaron el dinero para el primer semestre.

Aquel otoño metieron todo el equipaje que cabía en el coche familiar y llevaron a Steve hasta la escuela universitaria. Listo para labrarse una vida nueva por sí mismo, el joven ni siquiera les concedió el gusto de una despedida cariñosa.

—Dije algo así como: «Bueno, gracias. Adiós». No quería que nadie, ni los propios edificios, viera que mis padres estaban allí —relataría Jobs—. Tan solo deseaba ser como una especie de huérfano de Kentucky que hubiera estado vagabundeando por el país, saltando de un tren de mercancías a otro durante años.

Más adelante reconocería que lamentaba sinceramente su comportamiento de aquel día.

—Es una de las cosas de mi vida de las que me siento realmente avergonzado —le contó a un biógrafo—. Herí sus sentimientos, y no debí haberlo hecho, después de todo lo que habían trabajado para asegurarse de que pudiera ir allí.

Casi de inmediato, Steve comenzó a granjearse una experiencia universitaria de lo más inusual, que no incluía necesariamente las clases. Reed tenía unos niveles académicos muy exigentes, y requería que sus estudiantes de primer año dieran cuenta de una buena lista de lecturas en el primer semestre. Él se esperaba unas costumbres más laxas. Cuando su amigo Wozniak fue a verle, Steve se quejó con amargura: «Me obligan a matricularme en todas estas asignaturas».

Desde luego que Wozniak no había sido un universitario estelar, que digamos, pero al menos entendía las reglas del juego. «Sí —replicó a Jobs—, a eso se dedican en la universidad».

De haber sido por Steve, no hubiera hecho nada de aquello. Se apuntó a una clase de baile, pero más que nada para conocer chicas, y llamaba la atención en el campus por ir descalzo a todas partes: solo se ponía unas sandalias cuando nevaba. Tanto él como uno de sus nuevos amigos, Daniel Kottke, se centraron en su propia lista de lecturas formada por libros sobre budismo zen, espiritualidad, búsqueda del conocimiento y elevación del nivel de conciencia. Practicaron la meditación, leyeron *La dieta ecológica* y ambos se convirtieron en vegetarianos comprometidos.

Steve se quedó también entusiasmado con uno de los líderes del campus: Robert Friedland había pasado dos años en la cárcel por posesión de LSD. Carismático y con la labia de un vendedor, Friedland hizo asimismo las veces de proveedor de LSD para los continuos esfuerzos de Jobs, junto con sus dietas y sus extensas lecturas, de lograr un mayor conocimiento personal. Muchos años más tarde, Jobs le contaría a un periodista que el consumo de aquella droga psicodélica le había cambiado de un modo que ni siquiera quienes mejor le conocían podían comprender.

La relación con Friedland también transformó a Jobs. Cuando Steve llegó al campus, recuerda Kottke, era tímido y callado hasta decir basta. Friedland, en cambio, hablaba rápido, tenía facilidad de palabra y siempre era el centro de atención. Inspirado por el encanto y las artes charlatanas de Friedland, Jobs comenzó a abrirse y a hacerse cargo de las situaciones.

«Tras pasar un tiempo cerca de Robert, algo de aquello se le fue contagiando», afirmó Kottke.

Por su parte, Friedland estaba impresionado con la intensidad de Jobs y con su hábito de clavar la mirada en la gente y lanzarles preguntas con unos ojos que taladraban a su interlocutor. Describió a Steve como «uno de los bichos raros del campus».

Jobs también quedó entusiasmado con las visitas que recibía el Reed College, incluido Richard Alpert, autor de uno de los libros preferidos de Steve, *Aquí ahora,* y que más adelante pasaría a llamarse Ram Dass; y Timothy Leary, antiguo catedrático de Harvard y defensor de las drogas psicodélicas, pero más famoso por el mantra de aquella época: «Conecta, sintoniza, abandona».

—Había un constante flujo de cuestionamiento intelectual acerca de la verdad de la vida —diría Steve Jobs.

Con una guerra de Vietnam que daba sus últimos coletazos, los sorteos de los veinteañeros para el llamamiento a filas cesarían en diciembre de 1972, y esto permitió que aquella generación dirigiera su mirada hacia su propio interior, lejos de las interminables luchas antibelicistas y por los derechos civiles que habían consumido a sus hermanos mayores.

Dadas las decisiones que estaba tomando Steve, sus padres no estaban muy contentos con él. Sus calificaciones no eran buenas, y ellos no pagaban aquella matrícula tan alta para que su hijo pudiera disfrutar de un estilo de vida hippie.

Jobs evaluó la situación y decidió abandonar Reed al finalizar su primer semestre.

Se trataba de otro punto en la serie de conexiones de su vida, un punto que conectaba hacia el pasado con la época en que nació y que conectaría con su futuro. Sus padres habían mantenido su palabra aunque los costos del Reed College estuvieran sangrando sus ahorros, y, dado que Steve no tenía la menor idea de lo que quería hacer, comenzó a poner en duda que tal precio mereciera la pena.

Si bien el hecho de dejarlo resultó intimidador en un principio, Jobs contó a los graduandos de Stanford que, examinado en retrospectiva, aquella «fue una de las mejores decisiones que jamás he tomado». Una vez liberado de todas las clases obligatorias, gozaba de la posibilidad de dedicarse a lo que fuera que le llamara la atención.

Como no pagaba una habitación en una residencia, dormía en el suelo de los cuartos de sus amigos o se colaba en las habitaciones vacías que antes ocupaban otros alumnos ahora desencantados. Impresionó al decano de alumnos con su «mentalidad tan inquisitiva», y este le permitió de manera tácita quedarse por allí y asistir a las clases.

Steve se dedicó a recoger botellas de refresco vacías que le suponían 5 centavos de dólar por cada casco que retornaba, y le ayudaban a comprar comida. Contó a los alumnos de Stanford que «todos los domingos por la noche atravesaba a pie los más de once kilómetros de la ciudad, para disfrutar de una comida decente a la semana en el templo de los Hare Krishna», pero la verdad es que Friedland y él hacían autostop juntos a menudo, a veces acompañados de Kottke y la novia de este. Iban allí a bailar, a cantar y a disfrutar más tarde de aquellas cenas gratuitas, vegetarianas y con curry.

Steve Jobs comenzó también a someterse a unas dietas cada vez más estrafalarias. Durante una semana, no comía nada más que cereales con salvado de la marca Roman Meal, con leche de la cafetería del campus. Luego se obsesionó con los textos de un prusiano decimonónico que predicaba que ciertos alimentos generaban mucosas y otras excreciones que dañaban las funciones corporales. A su «típica manera excéntrica», Jobs se dedicó a censurar a sus amigos por comer bagels, eliminó los cereales de su dieta y empezó a subsistir solo a base de frutas o verduras. Experimentó con ayunos cuya duración iba desde unos días hasta un par de semanas y que rompía con agua y verduras de hoja. En una ocasión y según le contó a un amigo, comió tantas zanahorias que la piel se le volvió «del color de los primeros instantes de un atardecer».

Se pasaba los fines de semana en una granja propiedad de la familia de Friedland, que se convirtió en una especie de comuna. Jobs se encargaba de cuidar los huertos de manzanos para que la granja pudiera producir y vender un refresco de sidra ecológica que, si se manipulaba de manera apropiada, fermentaba y se convertía en una sidra fuerte con alcohol. Otros se encargaban de cocinar banquetes vegetarianos. Una amiga recordaba que Steve los devoraba, pero a continuación se obligaba a purgarse.

—Me pasé años convencida de que era bulímico —afirmó ella.

Una vez finalizado el primer año escolar y cerradas las residencias, Jobs alquiló un dormitorio sin calefacción cerca del campus por 25 dólares al mes. En una ocasión tomó dinero prestado de un fondo escolar y después consiguió un empleo en el que se dedicaba al mantenimiento del equipo de experimentación con animales del departamento de Psicología. Cuando lo visitó Woz, vendieron algunas cajitas azules: los que las usaron fueron sorprendidos y castigados, pero no así Steve Jobs. Chrisann Brennan también le hizo alguna visita ocasional.

Podía hacer frío en su habitación, y el dinero podía ser escaso, pero Steve Jobs diría a los alumnos de Stanford que le encantaba aquella época universitaria de despreocupación. Era libre para explorar cualquier cosa que le intrigara, y, para su sorpresa, parte de aquello daría sus frutos muchos años más tarde.

Entre otras cosas, se dejó caer por una clase de caligrafía. La escritura manuscrita, elegante y sofisticada, podía verse por todo el campus en pósteres, panfletos e incluso en las etiquetas de los cajones. Steve estaba fascinado con aquello y quiso saber más. En esa clase aprendió acerca de diversas tipografías, con y sin serifa, y sobre el espaciado de las letras. En la época parecía frívolo, aunque divertido.

Para Kottke, Jobs era un joven con determinación, si bien su tarea estaba lejos de mostrarse de forma clara. Quizá reflejara cierta inseguridad muy arraigada; quizá se remontara a su adopción. Fuera lo que fuera, Jobs «necesitaba demostrar su valía al mundo, y estaba aguardando su cruzada», dijo él.

A comienzos de 1974, cerca de un año y medio después de llegar a Reed, la cruzada aún no se había presentado y Jobs estaba preparado para seguir su camino. Deseaba viajar a la India, pero no tenía dinero, así que regresó a su casa, hacia un futuro tan turbio como incierto.

Una lista de lecturas para la universidad

En los años setenta, el minúsculo Reed College de Portland, Oregón, atrajo a una mezcolanza de espíritus libres, artistas, cineastas, poetas y pensadores poco convencionales como el autor Ken Kesey o el poeta Allen Ginsberg.

No obstante, a pesar del tinte liberal, el profesorado esperaba que los alumnos leyeran y meditaran en profundidad, con una lista de lecturas ya en el primer semestre que incluía la *Ilíada* y *Las guerras del Peloponeso*.

A Jobs, sin embargo, le interesaba más la búsqueda de una forma diferente de conocimiento a través del budismo zen, el misticismo oriental y las dietas. Estos son algunos de los libros que conformaron su propia lista de lecturas durante su breve estancia en Reed:

Aquí ahora, de Richard Alpert (ahora Ram Dass)
Autobiografía de un yogui, de Paramahansa Yogananda
Cosmic Consciousness, de Richard Maurice Bucke
Más allá del materialismo espiritual, de Chögyam Trungpa
La dieta ecológica, de Frances Moore Lappé
Meditación en acción, de Chögyam Trungpa
Ayuno racional, de Arnold Ehret
Sistema curativo por dieta amucosa, de Arnold Ehret
Mente zen, mente de principiante, de Shunryu Suzuki

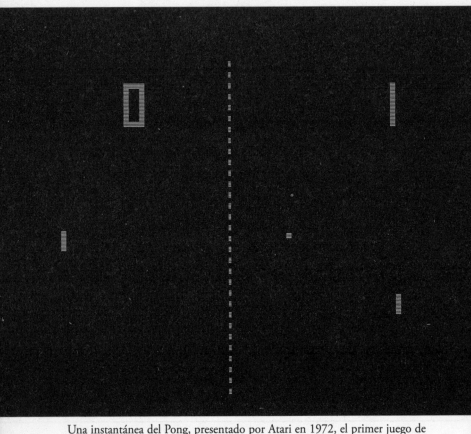

Una instantánea del Pong, presentado por Atari en 1972, el primer juego de computadora propiamente dicho que se lanzó al mercado.

5

La búsqueda

De vuelta en casa de sus padres, Steve estaba leyendo detenidamente el periódico cuando vio una intrigante oferta de trabajo: «Diviértete y gana dinero». Atari, uno de los primeros fabricantes de videojuegos, buscaba técnicos.

La principal cualificación de Jobs para el puesto eran los trimestres que se había pasado jugando al Pong. Aquel juego tan simple, en el que los jugadores movían arriba y abajo unas líneas verticales que representaban unas raquetas para conseguir que una pelota electrónica rebotara de un lado a otro —una versión electrónica bastante rudimentaria del ping-pong— fue el primer producto de Atari y el primer videojuego propiamente dicho. Presentado en 1972, el Pong supuso un éxito rotundo y situó a la compañía en una especie de posición de liderazgo en la creación de videojuegos para bares, boleras y salas de billar. Atari también comenzó a lanzar videojuegos para jugar en la televisión de casa.

Con la firme determinación de ganar lo suficiente para viajar, e impertérrito ante su falta de experiencia, Jobs se plantó en el vestíbulo de la compañía con su pelo largo y sus ropas raídas, y anunció que no se marcharía hasta que lo contrataran. El ingeniero principal, Al Alcorn, charló con él y vio «una chispa, una cierta energía interior» que le convenció para que diera un empleo a aquel joven de diecinueve años que había dejado los estudios universitarios.

Muchos de los empleados de Atari llevaban el pelo largo, habían abandonado los estudios o eran unos apasionados de las motos de campo, pero incluso entre toda aquella multitud, Jobs era demasiado raro. Fastidiaba a sus compañeros con sus tajantes opiniones y sus críticas mordaces acerca del trabajo de los demás; peor aún: había llegado a convencerse de que gracias a su dieta de yogur y fruta ya no tenía que ducharse con regularidad, lo cual convirtió su presencia en algo desagradable. Vamos, que olía mal.

Alcorn trasladó a Steve al turno de noche, donde podía dedicarse a su trabajo de depuración y mejora de los juegos sin molestar a sus colegas.

Transcurridos unos pocos meses, Jobs anunció a sus jefes en Atari que planeaba dejar el trabajo y marcharse a la India en una misión espiritual. A pesar de los esfuerzos de Steve, la compañía no tenía interés en financiarle el viaje, pero la generosidad de Alcorn le ofreció hacerle parte del camino. Atari estaba sufriendo un problema técnico en Alemania que su distribuidor germano no era capaz de solucionar. La compañía enviaría a Steve hasta allí para ocuparse del problema, y él podría seguir camino de la India. «Saluda al gurú de mi parte», añadió Alcorn.

En Alemania, Jobs solucionó el problema, pero no antes de que la oficina germana se quejara de esa personalidad suya tan quisquillosa y de su extraño olor. Por su parte, Steve no se mostró muy emocionado ante la carne con papas con que pretendían alimentarlo.

Tras una escala en Zúrich, Suiza, voló hasta Nueva Delhi, donde casi de inmediato contrajo disentería, que le provocó una fiebre alta y pérdida de peso. Cuando se sintió mejor, se aventuró hacia el norte y se topó con la celebración de una festividad religiosa.

—Podía oler la buena comida. Durante mucho tiempo no había tenido la suficiente fortuna como para oler buena comida, así que me acerqué a presentar mis respetos y a tomar algo —recordaba.

Al parecer, destacaba entre la multitud, pues el guía espiritual de la celebración lo localizó y fue a sentarse con él entre risas. Incapaz de comunicarse bien, aquel santo varón tomó a Steve del brazo y le condujo por una senda, montaña arriba, hasta una zona en la que había un pozo y una charca. Allí, el hombre sumergió la cabeza de Steve en el agua, sacó una navaja, se la afeitó por completo y dijo que era por el bien de la salud del joven Jobs.

Llegado el momento en que apareció Kottke para unirse al viaje de Steve, Jobs estaba flaco, prácticamente calvo y vestía un atuendo de algodón muy liviano. Ambos se trasladaban en autobuses desvencijados, regateaban de mercado en mercado y daban largas caminatas por los lechos secos de los ríos. Aunque Jobs iba tras una conciencia espiritual más profunda, lo que le sorprendió fue la yuxtaposición de la pobreza y la santidad religiosa. Los dos amigos se embarcaron en la búsqueda de un gurú del que les había hablado Friedland al regresar de un viaje el año anterior, pero aquel gurú había fallecido, su gente se había desperdigado, y lo poco que quedaba eran unas baratijas religiosas de plástico a la venta.

Prosiguieron su viaje y contrajeron la sarna en un pueblo conocido por su balneario, y, tras librar una dura batalla contra piojos y pulgas, Kottke se rapó también el pelo al cero. Jobs acabaría por concluir que «no íbamos a encontrar un lugar donde pudiéramos quedarnos un mes a la espera de ser iluminados», y, viniendo como venía él de un empleo en el sector tecnológico, empezó a pensar que «quizá Thomas Edison hiciera mucho más por el avance del mundo» que cualquier teórico o gurú religioso. Varios meses después, ambos regresaron al norte de California, conmovidos por su intensa experiencia.

Años más tarde, Steve Jobs diría que su experiencia en la India le enseñó «el poder de la intuición y la sabiduría derivada de la experiencia», de confiar en tu propia experiencia y en tu sentido común en oposición al intelecto y el pensamiento racional de Occidente, un enfoque distinto que influiría en el trabajo de toda su vida. Aun así, en un momento en el que abandonaba la segunda década de su vida y se adentraba en la veintena, seguía buscando algo aún mayor.

Durante el año siguiente, más o menos, Steve alternó su forma de vida en cierto modo tradicional en Silicon Valley —con el trabajo en Atari, asistiendo en calidad de oyente a clases de Física en Stanford y a estudiar a un centro zen local— con su extravagante vida de Oregón. Pasaba temporadas trabajando con sus amigos de la universidad en la granja de los Friedland, ahora una comuna llamada «All One Farm» (la «Granja Todos Uno»). Comenzó a buscar información sobre sus padres biológicos y se enteró de que habían sido unos estudiantes universitarios que no estaban casados. También pagó 1.000 dólares por un curso de doce semanas en el Oregon Feeling Center, que se suponía encaminado a tratar los problemas muy arraigados de la infancia por medio de la terapia del grito primal del recién nacido. En última instancia decidió que aquella tampoco era la respuesta que estaba buscando.

En el verano de 1975 se encontraba de vuelta en Atari. Trabajaba en el turno de noche como consultor, cuando el fundador de la compañía, Nolan Bushnell, le hizo un encargo especial. Bushnell, un empresario de treinta y tres años a quien Jobs había caído bien, le pidió que diseñara un juego llamado Breakout en el que los jugadores debían destruir un muro de ladrillos con una pelota que rebotaba. Dado que en aquella época los juegos iban programados dentro de los chips, y no escritos como un software independiente al modo actual, Bushnell deseaba que el diseño contara con la menor cantidad de chips posible, y lo quería rápido. La verdad es que muy rápido: lo quería terminado en cuatro días.

Jobs seguía pasando algunos ratos con su viejo amigo del instituto, Steve Wozniak, que había vuelto a dejar la universidad para ganar un dinero y tenía un empleo de ensueño en Hewlett-Packard, en el sector de las calculadoras. A Wozniak no le interesaban las drogas alucinógenas, pero sí sufría de una terrible adicción a un juego de Atari llamado Gran Trak 10, y Steve le colaba por las noches en las oficinas de la compañía, donde, para gran alegría de su corazón, Wozniak gozaba de la posibilidad de jugar al primer videojuego con un volante. Había también otra ventaja: podía echar una mano a Steve si este se atascaba en algo.

Consciente de que el trabajo de diseño se encontraba más allá del alcance de sus habilidades, Jobs reclutó a Wozniak para que ideara los chips y su disposición, y a cambio le prometió que se repartirían los 700 dólares que iban a pagarle por el proyecto. Wozniak, que trabajaba la noche entera después de salir de su empleo en Hewlett-Packard, montó un diseño con una cantidad mínima de chips, y Steve los incorporó en el prototipo de una placa. Bushnell, futuro fundador de la cadena de pizzerías Chuck E. Cheese, quedó tan satisfecho con el resultado que pagó a Jobs una bonificación (supuestamente de 5.000 dólares). También ofreció un trabajo a Wozniak.

Jobs pagó a su amigo —aunque solo los 350 dólares prometidos en un principio— y regresó a Oregón. El intenso esfuerzo de su trabajo pasó factura a ambos, que cayeron enfermos con el agotador virus de la mononucleosis.

Años más tarde, mucho tiempo después de que la pareja hubiera fundado Apple, en un libro sobre la historia de Atari se mencionó la suma que Bushnell entregó a Jobs, y aquello a Wozniak le dolió mucho. Sintió que su buen amigo no había sido honesto, que lo había traicionado.

Cuando Jobs tuvo noticia de aquel libro, llamó a su viejo amigo y le aseguró que no recordaba haberse quedado con una bonificación y, dado que sin duda se acordaría de tal cosa en caso de que hubiera sucedido, «probablemente no lo había hecho».

Muchos años después, cuando el biógrafo de Jobs, Walter Isaacson, preguntó a Steve acerca de aquel pago, «se mostró extrañamente silencioso y dubitativo. "No sé de dónde sale esa acusación", dijo. "Yo le di la mitad del dinero que recibí"».

Aun así, tanto Bushnell como Alcorn recuerdan que se pagó una bonificación, y Woz está seguro de que solo recibió 350 dólares. Se trataba de una faceta desagradable de Steve Jobs, el encantador que a veces solo se preocupaba de sí mismo.

En muchos sentidos fue una suerte que Wozniak no se enterara de toda la historia cuando tuvo lugar. Había estado asistiendo a las reuniones de un nuevo club informático, y aquello le llamó tanto la atención que pronto intentaría diseñar su propio equipo. No pudo evitar compartir sus ideas con su buen amigo y reciente colaborador: Steve Jobs. Lo que vino a continuación cambiaría las vidas de ambos. Y cambiaría también el mundo.

Steve Wozniak (izquierda) y Steve Jobs en 1976, trabajando en el Apple I.

6

Apple

Decir que Steve Wozniak estaba como loco con la idea de una computadora metida en una cajita sería quedarse corto.

Como mínimo, se sentía increíblemente inspirado por la idea y no se podía aguantar las ganas de intentarlo.

En enero de 1975, la revista *Popular Electronics* traía en portada la historia del primer microcomputador auténtico, el Altair, fabricado por una empresa de Albuquerque, en Nuevo México. La verdad es que se trataba de un kit cuyo montaje llevaba horas y que, una vez ensamblado, no funcionaba muy bien. No traía ningún otro accesorio, ni pantalla, ni teclado, ni medio alguno a través del cual comunicarse con él. Para usarlo, el informático aficionado tenía que escribir un programa y, aun entonces, todo cuanto hacía el Altair era responder parpadeando las luces del panel frontal de la caja. En muchos aspectos, resultaba sorprendentemente similar al Cream Soda Computer que

Wozniak le había mostrado orgulloso a Steve Jobs casi cinco años antes.

Ahora bien, en el interior había una diferencia enorme. Durante aquella época en la que Wozniak se había dedicado a las calculadoras Hewlett-Packard, a montar su propia línea de chistes por teléfono desde casa y a salir con su primera novia, la potencia y las capacidades de los semiconductores habían explotado. Con un punto de partida situado a finales de los años cincuenta, los ingenieros habían dado con el modo de combinar muchos transistores —y las conexiones entre ellos— en una porción muy pequeña de silicio. Estos nuevos circuitos integrados, o microchips, eran capaces de contener porciones de memoria o gestionar otras tareas y hacerse así con el control de secciones enteras de la computadora. Pero esos circuitos estaban integrados en los chips, lo que significaba que los chips solo podían hacer aquello para lo que hubieran sido programados de antemano, igual que la versión del Breakout de Jobs y Wozniak.

Sin embargo, a comienzos de los setenta, una joven compañía de Silicon Valley llamada Intel Corporation desarrolló un chip independiente y susceptible de ser programado para llevar a cabo todo tipo de funciones nuevas y distintas. Este llamado «microprocesador», del tamaño de la yema de un dedo, combinaba diversas funciones en una y podía constituir toda la unidad central de procesamiento (o CPU) del equipo, es decir, el cerebro dentro de la caja. Además, se le podía sacar partido a través de un software, una serie de programas especiales escritos de forma específica para darle instrucciones acerca de cómo completar muchos tipos de tareas. A medida que Intel iba mejorando su microprocesador, logrando que trabajara más rápido y manejara un mayor volumen de información de manera simultánea, la idea de una «microcomputadora», una verdadera computadora «personal», se fue convirtiendo en una realidad.

Wozniak olfateó por primera vez el rastro de esos avances tan enormes en ese mes de marzo, cuando asistió a la reunión inaugural del Homebrew Computer Club (el Club del Computador Casero) en un garaje de la ciudad californiana de Menlo Park. En una tarde fría y desapacible, muchos de los treinta asistentes que aparecieron murmuraban sobre el Altair y las posibilidades de una computadora pequeña. Alguien repartió copias de la ficha técnica de un microprocesador de la competencia. Wozniak se llevó la hoja a casa y estudió con detenimiento los pormenores de aquel nuevo tipo de chip. De repente, tuvo una revelación.

—Era como si toda mi vida hubiera estado encaminada hacia ese instante —diría más tarde. Todo aquel tiempo que había pasado dibujando bocetos de minicomputadoras rediseñadas, el Cream Soda Computer, su trabajo con los videojuegos… todo esto le condujo hacia esa precisa oportunidad—. Aquella noche, la del primer encuentro, fue cuando toda esa visión de una especie de computadora personal me vino a la cabeza. De golpe. Así, por las buenas.

Al instante se puso a esbozar un diseño.

La conceptualización de su nueva computadora resultó mucho más sencilla que su fabricación. El fabuloso chip de Intel, según se enteró, costaba cerca de 400 dólares, «casi más que mi alquiler mensual», dijo Wozniak. Y además, iba a necesitar chips de memoria, un lenguaje para comunicarse con los chips y otros componentes. Reunirlo todo llevaría tiempo y dinero.

Tiempo atrás, Wozniak había descubierto que los empleados de Hewlett-Packard tenían la posibilidad de conseguir un descuento en la compra de un chip Motorola con el mismo potencial que el de Intel, y a continuación encontró una alternativa aún más barata, una imitación de 20 dólares de una compañía poco conocida, pero eso sí, que ejecutaría su diseño tal y como él lo había concebido. Su decisión se había basado en cuestiones económicas, no en cuestiones técnicas, y al final resultó ser significativa. Y potencialmente arriesgada. La práctica totalidad del resto de equipos se diseñaría sobre la base del chip de Intel, que era lo bastante diferente como para que cada fragmento de software que se comunicara con él hubiera de ser también diferente.

Steve acompañó a su amigo Wozniak a algunas reuniones del Homebrew para ayudarle a llevar la televisión en cuya pantalla mostraba sus últimos avances, pero ese tema de conversación entre expertos informáticos una semana tras otra le parecía tedioso. El club era tan *friqui,* que en una ocasión Wozniak llegó a bromear con que «podíamos haberlo llamado Chips & Dips»*. Aun así, todas y cada una de las veces que hablaban por teléfono o que quedaban, conversaban sobre el equipo y los progresos de Woz.

A finales de junio, Wozniak dio un salto crucial hacia delante: había juntado chips, una fuente de alimentación, un monitor y un teclado. La primera vez que tecleó algo, en el monitor aparecieron unas letras tal y como se suponía que habían de hacerlo. Fue uno de esos momentos en los que uno grita «¡Eureka!».

De haber dependido exclusivamente de Wozniak, este habría revelado todos los detalles acerca de sus diseños a los otros miembros del club, cuyo lema era «Ayuda a los demás»; pero Jobs, que admiraba el ingenioso trabajo de su amigo y veía una oportunidad mayor, lo espoleó para que dejara de compartir tanto con el club, cuyo número de miembros se había disparado hasta alcanzar varios centenares.

Más adelante, aquel mismo año, Jobs le propondría algo: muchos de los aficionados que acudían a las reuniones del

---

* El uso común de esta expresión en los Estados Unidos hace referencia a las reuniones informales de amigos, en casa de alguno de ellos y, por lo general, para ver una retransmisión deportiva con cervezas y un algún tipo de botana como papas fritas, nachos y similares *(chips)* mojados en salsas y aderezos *(dips).* En el juego de palabras, Wozniak se refiere a dos componentes electrónicos: microprocesadores *(chips)* y DIPs *(Dual In-line Packages,* bloques duales en hilera). *(N. del T.)*

73

club tenían ideas, pero no el tiempo suficiente para llevarlas a la práctica, de manera que sugirió que entre ambos les vendieran placas con circuitos impresos para que ellos les colocaran sus propios chips, un proceso mucho más simple que si ellos mismos diseñaran sus placas.

Wozniak se mostraba escéptico ante el interés que pudiera suscitar la oferta o ante la posibilidad de que lograran recuperar los 1.000 dólares que les costaría hacerlo, pero Jobs, que no había descubierto aún lo que deseaba hacer con su vida, le insistía: «Bueno, aunque perdamos nuestro dinero, seremos dueños de una empresa».

Su amigo cedió, y ambos se zambulleron en el intento de sacar la inversión inicial de debajo de las piedras: Woz vendió su calculadora Hewlett-Packard por 500 dólares, aunque al final el comprador solo llegó a pagarle la mitad de esa suma; Steve vendió su furgoneta Volkswagen de color rojo y blanco, pero tuvo que emplear parte del dinero en una reparación cuando esta se averió al poco de producirse la venta. Juntos, consiguieron sumar cerca de 1.300 dólares, que equivalían a unos 5.000 dólares actuales (casi 63.000 pesos).

A continuación, necesitaban un nombre para su sociedad. En el camino de regreso desde el aeropuerto, después de que Woz hubiera ido a recoger a Steve de uno de sus viajes a la All One Farm, Jobs lanzó su propuesta: Apple Computer.

Al fin y al cabo, acababa de regresar del huerto de manzanos y se encontraba en una de sus etapas de dieta de frutas, así que no había parado de comer manzanas. Mucho mejor aún: aquel nombre los situaría en lo alto de cualquier lista ordenada alfabéticamente, por delante de Atari en la guía de teléfonos. Le dieron vueltas en busca de algo mejor, como Matrix Electronics o Executek, pero Apple parecía valer.

Ambos temían, sin embargo, que pudiera llegar a presentarse algún tipo de problema con los Beatles, el famoso cuarteto conocido a través de su sello discográfico Apple —un temor que se convertiría en una preocupación muy real—. Por otro lado, Steve tenía sus dudas al respecto de que el nombre de Apple resultara demasiado cursi para una compañía seria, pero al no ser capaz de pensar en algo mejor, siguieron adelante con ello.

Jobs convenció a Ron Wayne, uno de sus antiguos jefes en el turno de noche de Atari, para que creara un logotipo y preparara los diagramas esquemáticos —qué iba dónde— de la placa de los circuitos. Wayne realizó un grabado muy complejo con Newton bajo un árbol y una manzana brillante sobre la cabeza.

Conforme avanzaban, a Wozniak le iban entrando los sudores acerca de las posibles consecuencias: ¿y si tenía que utilizar alguna de sus ideas de Apple en su trabajo en Hewlett-Packard?, ¿y si deseara compartir esas ideas de algún otro modo? Para limpiar su conciencia, fue también a contarles a sus jefes en Hewlett-Packard que había ideado el diseño de una computadora pequeña y barata.

Se concertó una reunión con algunos responsables de Hewlett-Packard, y Wozniak presentó su computadora. A los de arriba les pareció interesante, pero no la veían como un producto de Hewlett-Packard. Le dijeron a Wozniak que la compañía no estaba interesada.

Esa respuesta supuso una decepción para Woz aunque, por otro lado, ya tenía vía libre para dedicarse a su propio equipo. Jobs y él acordaron que se dividirían las participaciones a partes iguales, pero a ambos les dio la sensación de que iban a necesitar a un tercero que desequilibrara la balanza, así que también convirtieron a Wayne en socio, y le dieron una participación del 10 por ciento mientras que ellos se quedaron con un 45 por ciento cada uno.

Wayne redactó un acuerdo, y los tres lo firmaron el 1 de abril de 1976: esa firma supuso el nacimiento oficial de Apple Computer.

El acuerdo fue efímero. Wayne había dejado atrás los cuarenta y era mucho más conservador que sus socios veinteañeros. Ya se había visto obligado a afrontar grandes pérdidas cuando intentó poner en marcha una empresa de máquinas recreativas que fracasó. Es decir, que si Apple se metía en problemas, él se volvería a encontrar en la cuerda floja. Reflexionó acerca de la posibilidad y se echó atrás.

—Yo ya sabía qué cosas me afectaban al estómago —aseguró Wayne—. Si Apple fracasaba, para mí habría llovido sobre mojado. Steve Jobs era un verdadero torbellino, y a mí no me quedaban ya las fuerzas que hacen falta para sobrevivir a un torbellino.

Se retiró de la sociedad poco después de haber firmado y recibió 800 dólares por su participación. Más adelante, tan solo para asegurarse de que todo era legal, Apple le pagaría otros 1.700 dólares, una cifra bastante aceptable para él. Sin embargo, de haber seguido a bordo y haber mantenido su parte de la compañía hasta hoy, se habría hecho millonario.

Jobs y Wozniak pronto estarían demasiado ocupados como para pensar en aquel contratiempo. En un intento por conseguir ventas para el centenar de placas que había pedido, Steve se dio un paseo descalzo hasta una nueva tienda de computadoras llamada Byte Shop y comenzó a ofrecérselas a Paul Terrell, propietario del local y habitual del Homebrew Computer Club. Terrell estaba tratando de montar una cadena de tiendas que compitiera con RadioShack, y fue al grano de inmediato con aquel vendedor tan joven como agresivo: él no quería esas placas, y sus clientes tampoco. Lo que necesitaba una tienda de computadoras era eso, computadoras, y si la pequeña Apple quería surtirle de estas completas y terminadas, él les compraría cincuenta unidades a 500 dólares cada una, y pagaría en metálico.

Steve se quedó con la boca abierta. Había ido a vender unas cuantas placas de 40 dólares y lo que tenía en la mano era un pedido por valor de 25.000. Los ojos se le cegaron con símbolos de dólar.

Llamó a Wozniak de inmediato. «¿Estás sentado?», le preguntó.

Wozniak estaba impactado, en un verdadero estado de shock. El valor del pedido ascendía a casi el doble de su salario anual, mucho más de lo que jamás se hubiera imaginado.

Sin embargo, la minúscula compañía carecía de componentes, de dinero para comprarlos y de un lugar donde montar los equipos. ¿Cómo conseguirían sacar el pedido adelante?

Apple contra Apple

Steve Jobs y Steve Wozniak dieron en el clavo al preocuparse acerca de que el nombre de su recién creada empresa supusiera a la larga un problema con la compañía de los Beatles, Apple Corps.

La pareja era demasiado inexperta e inocente como para contratar a un abogado que indagara la cuestión de manera formal, pero el caso fue que su decisión prendió la llama de una enemistad duradera entre dos de las manzanas más grandes del mundo.

Una vez que Apple Computer empezó a llamar la atención, Apple Corps la demandó. En un acuerdo alcanzado en 1981, Apple Computer accedía a ceñirse al sector de las computadoras y dejar el de la música para Apple Corps. Pero aquel acuerdo no logró «comprar el amor» entre ambas.

A finales de los ochenta, el ex Beatle George Harrison vio que el equipo Macintosh se podía utilizar para componer música y que contaba con la posibilidad de incluir un dispositivo que permitía a los músicos programar instrumentos. Incapaz de «dejarlo ser», Apple Corps volvió a la carga con otra demanda.

Tras un proceso judicial de varios meses de duración, las dos partes alcanzaron un segundo acuerdo según el cual, Apple Computer pagaba supuestamente 26,5 millones de dólares para resolver el asunto.

La creación de la tienda iTunes en 2003 reabrió la vieja herida y condujo a un nuevo proceso judicial. En una demostración de que «lo podían solucionar», ambas compañías llegaron a un acuerdo final en 2007, que otorgaba el control de todas las marcas registradas a Apple Computer, con una licencia de uso de algunas de aquellas marcas para la Apple Corps de los Beatles.

Aun así, la música del cuarteto de Liverpool no estuvo disponible en iTunes hasta el año 2010.

Tal y como tantas historias, demasiadas, han apuntado a lo largo de los años, se trató de todo un «largo y tortuoso camino».

---

* Las expresiones que aparecen entrecomilladas en este apartado corresponden a las referencias que hace el original a las siguientes canciones de los Beatles, en este orden: *Can't Buy Me Love; Let It Be; We Can Work It Out* y *The Long and Winding Road. (N. del T.)*

El hogar de la infancia de Steve Jobs en Los Altos, California, y el garaje donde arrancó Apple Computer.

7

El garaje

Para montar una compañía, incluso una pequeña, hace falta dinero, así que lo primero que hizo Steve Jobs fue salir a buscarlo, o al menos a buscar a alguien que le permitiera comprar componentes y pagárselos más adelante.

Se dirigió al banco a pedir un crédito, intentó que le permitieran comprar a cuenta en su tienda de componentes de toda la vida, preguntó a sus antiguos jefes de Atari si se los podría comprar a ellos.

Todos le dieron un no por respuesta.

Al final, Wozniak consiguió que unos amigos le hicieran un préstamo, y Jobs logró que un distribuidor de chips le vendiera a cuenta. Apple dispondría de treinta días para pagar o le empezarían a cobrar intereses. Se trataba de un acuerdo típico en el mundo de los negocios, pero eso Steve no lo sabía.

El siguiente problema era encontrar un sitio donde montar el flamante equipo. Wozniak, que ya había cumplido los veinticinco años y acababa de casarse, trabajaba en las estrecheces de su apartamento, y Alice, su mujer, iba acumulando una creciente frustración. Su marido estaba siempre trabajando, ya fuera para Hewlett-Packard o en la máquina nueva, y tenía la mesa del comedor llena de cosas que no se podían ni tocar.

Jobs, cumplidos los veintiuno, había vuelto a vivir en casa de sus padres, tomado posesión del antiguo cuarto de su hermana Patty y organizado los componentes en los cajones de una cómoda. Reclutó también a su hermana, casada y embarazada de su primer hijo, para que montara todas las piezas en las placas de circuitos impresos a un dólar la placa. Del trabajo de la habitación de él y del de la antigua habitación de ella salieron montadas las primeras unidades.

No obstante, cuando Steve envió orgulloso la primera docena de computadoras a Byte Shop, Terrell no quedó impresionado. No llevaban teclado, ni fuente de alimentación, ni pantalla, ni siquiera tenían una carcasa. Tampoco llevaban lenguaje alguno que las hiciera funcionar, pero Terrell, fiel a su palabra, le pagó a Jobs el pedido y montó él mismo las piezas que faltaban.

Con los primeros ingresos, Steve alquiló un apartado de correos y contrató un servicio de recepción de llamadas, ambos con la idea de hacer que Apple pareciera una empresa de verdad. Una vez montados y vendidos a Terrell los primeros cincuenta equipos, Apple contaba con los suficientes beneficios —el dinero restante después de cubrir todos los gastos— para pagar los componentes de otras cincuenta computadoras. Steve se sentía en plena racha, estaba seguro de que sería capaz de vender más computadoras a otras tiendas y a sus amigos.

Buscó ayuda y reclutó a su viejo compañero de instituto, Bill Fernandez, que había estado trabajando para Hewlett-Packard. Contrató a un amigo de la universidad para que llevara la contabilidad, y cuando Daniel Kottke se unió al negocio durante el verano, se instaló en el sofá de la familia Jobs.

Al ver que la casa se iba saturando de gente, Paul Jobs, el padre de Steve, decidió que el negocio tenía que trasladarse, así que trasplantó a su amado garaje la semilla de aquella empresa que comenzaba a brotar. Sacó sus repuestos de coche a la calle, apartó sus herramientas, colocó paneles de pladur, iluminación, una línea telefónica y le cedió el espacio a su hijo.

Incluso Clara, la madre de Steve, se vio absorbida por el negocio: atendía el teléfono, recibía a los agentes comerciales y a posibles clientes, además de soportar las descabelladas dietas de fruta y zanahorias de su hijo y los envoltorios de chucherías de Wozniak. En un momento dado, contaba el periodista Michael Moritz, Paul y Clara llegaron a contar a sus amigos en clave de humor que «pagaban la hipoteca a cambio del derecho a utilizar la cocina, el cuarto de baño y su dormitorio».

Con sus primeras ventas, Apple también consiguió su primera reseña de prensa. En julio de 1976, la revista *Interface* contaba que Jobs, que había sido «consultor particular de Atari», era el director de marketing, y Wozniak, «el talento

83

creativo e innovador», era el director técnico. El «núcleo» de la compañía, se decía entre alguna que otra exageración, era «un grupo disciplinado y sólido en el aspecto financiero que está abriendo un nuevo panorama en el campo del hardware, el software y el servicio a su clientela».

Sonaba como si el desorden en el interior del garaje de los Jobs fuera una verdadera empresa.

A pesar de las ventas del equipo nuevo, Jobs seguía viviendo un dilema: aún le estaba buscando un sentido más profundo a su existencia, y valoró seriamente la posibilidad de dejarlo todo e irse a un monasterio zen en Japón.

Había estado visitando a su ex novia, Chrisann Brennan, en el Zen Center hasta el punto de convertirse en un habitual. Le confesó sus penas a Kobun Chino, un consejero espiritual con el que Steve mantendría una relación cercana, y Chino le escuchó. Finalmente, le dijo a Jobs que siguiera adelante con su negocio, que eso tendría tanto sentido como un monasterio. Y tras ciertas vacilaciones, Steve accedió.

Mientras él se planteaba su futuro y supervisaba la fabricación, las ventas y la publicidad de la primera máquina, Wozniak ya se había puesto con otro proyecto, hecho a la medida de sus preferencias. Ideó un modo de hacer que la máquina generara color, de forma que se pudiera mostrar en una televisión en color. Puesto que quería jugar al Breakout de Atari en su juguete nuevo, le añadió sonido, gráficos y la posibilidad de incluir un dispositivo que cupiera en la mano y que permitiera mover las palas en la pantalla. Dado que muchos de los chips que soportaban el microprocesador iban siendo cada vez más rápidos y más potentes, Wozniak consiguió que la computadora fuera también más rápida y ágil. Y como le gustaba crear diseños elegantes y eficientes, tuvo la posibilidad de reducir a la mitad el número de chips en comparación con la primera versión.

Incluso le añadió el leguaje BASIC al sistema, de manera que el comprador se pudiera llevar a casa el equipo, enchufarlo a un monitor o a la televisión, encenderlo y ponerse a escribir programas en él de inmediato.

En cuanto hubo terminado el diseño, Jobs y él se enredaron con un detalle: Woz quería ocho ranuras extras que el comprador pudiera utilizar para añadir más equipamiento u otra placa. Jobs quería limitar el número a dos, asumiendo que la gente solo querría una impresora y quizá un módem, un aparato para permitir que la computadora se comunicara a través de la línea de teléfono. Deseaba conservar la sencillez.

La discusión se alargó, pero Wozniak, consciente del hecho de que el comprador potencial querría trastear y mejorar constantemente su compra, permaneció firme y se ganó a Jobs, incluso.

El Apple I era para aficionados y fanáticos de la informática, pero este otro sería para quienes quisieran un equipo para hacer cosas con él.

Con el objeto de ver qué otras innovaciones se estaban cociendo en los fogones del sector de las computadoras de tamaño reducido, Jobs y Wozniak volaron hasta Atlantic City a finales de agosto de 1976 y asistieron a una feria de informática. Dejaron su producto más nuevo en el hotel, guardado y en secreto, e intentaron vender unos pocos Apple I.

Mientras Wozniak se quedaba en la habitación trabajando en el nuevo modelo, Jobs se dedicaba a estudiar a la competencia, empresas con nombres tan poco memorables como IMSAI, Cromemco y Processor Technology. Le dijeron que RadioShack estaba considerando la idea de hacer su propio equipo, al igual que Commodore, un fabricante de calculadoras. Fueron dos las conclusiones que extrajo: Apple tenía una máquina mejor que las de todos los demás, pero debía tener mucho mejor aspecto.

Para producir lo que Jobs y Wozniak comenzaban a llamar el Apple II, haría falta una cantidad de dinero considerable: más de 100.000 dólares. A través de su antiguo jefe, Al Alcorn, Jobs consiguió una reunión con el presidente de Atari, pero la juventud y la inexperiencia de Steve salieron a la luz: mientras intentaba cautivar al ejecutivo y ganarse su apoyo, Jobs plantó un pie descalzo sobre la mesa de aquel hombre, que disfrutó en primera fila de la visión de todo aquello que suele acumularse en un pie cuando no se tiene la costumbre de usar zapatos.

Eso hundió la negociación.

«Quite ese pie de mi mesa —le ladró al joven empresario, y lo remató con brusquedad—: ¡No vamos a comprar su producto!».

En otra parada, Steve intentó negociar un buen precio en los chips de memoria con un distribuidor. Al ver que su oferta inicial no había funcionado, Jobs le advirtió que lo vetaría como proveedor de su empresa, si bien, él nunca había comprado nada allí con anterioridad.

Wozniak, consciente de que necesitaban los chips, se dispuso a intervenir. Steve intentó acallar a su amigo con una patada veloz, pero, en lugar de atizarle, se resbaló de la silla y desapareció bajo la mesa. El comercial, que agradeció el toque cómico, otorgó a Apple una línea de crédito.

La búsqueda de apoyo financiero trajo consigo asimismo un desfile de negociantes al garaje de la familia Jobs. Un alto ejecutivo de Commodore se plantó allí con su traje y su sombrero de vaquero para decirles que estaba interesado en adquirir la compañía.

Lo que Jobs quería era hacer un negocio redondo, y le dijo a la gente de Commodore que en su opinión la empresa valía, como mínimo, 100.000 dólares (unos 400.000 dólares actuales o algo más de 5 millones de pesos). Además, habrían de contratar a Wozniak y a él con unos salarios anuales de 36.000 dólares, mucho más de lo que Wozniak ganaba en Hewlett-Packard. En última instancia, Commodore decidió fabricar su propia computadora, un alivio para un Steve Jobs que se había convencido de que ambas compañías no casaban.

Sin embargo, aquel cortejo provocaría un nuevo foco de tensión entre Jobs y su socio de siempre. La familia Wozniak llevaba un tiempo mostrándose escéptica al respecto de Steve Jobs y sus verdaderas intenciones. Les causaba desconfianza su apariencia descuidada y temían que pudiera estar aprovechándose de su hijo, brillante con la tecnología pero inmaduro en las relaciones sociales. En pleno momento de interés por parte de Commodore, la discusión acerca de quién merecía más mérito —y más dinero— se tornó bastante desagradable. Jerry Wozniak, padre de Woz, hizo llorar a Steve Jobs un día, cuando le dijo: «Tú no has fabricado nada. Tú no has hecho nada».

Steve se quedó dolido y le aseguró a Woz que si no eran socios en igualdad de condiciones, entonces Wozniak se podía quedar con todo.

Su viejo amigo y colaborador no era tan torpe: Wozniak era capaz de diseñar una placa con circuitos, y Steve no, pero Jobs podía conseguir que le imprimieran los circuitos de un centenar de placas y eso era algo que quedaba fuera del alcance de Woz. Wozniak sabía concebir electrónicas complejas y escribir software, pero era Jobs el que sabía hacer que le integraran todo en un único producto y venderlo. Cierto, Wozniak había inventado el equipo Apple, pero bien podía haberlo regalado.

—Jamás se me pasó por la cabeza vender computadoras. Fue idea de Steve el mantenerlas en secreto y vender unas pocas —diría.

Uno necesitaba al otro. Y ambos lo sabían.

También continuaban necesitando financiación. Jobs se dirigió al fundador de Atari, Nolan Bushnell, que ese mismo año había vendido la empresa de videojuegos a Warner Communications y se había llevado 14 millones

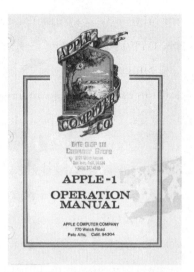

La portada del manual de instrucciones del Apple I muestra el primer logotipo de la compañía, dibujado por Ron Wayne en 1976. La dirección de la empresa que aparece aquí es la de la casa de los Jobs en Palo Alto.

de dólares. Bushnell no deseaba invertir, pero puso a Steve en contacto con un inversionista de capital de riesgo, un inversor que metía dinero en empresas jóvenes a cambio de su propiedad.

Don Valentine llegó al garaje de los Jobs en su Mercedes Benz. Había invertido en Atari y sabía de compañías que empezaban en Silicon Valley, aunque aquel par de chicos le había parecido muy inocente, en especial cuando le contaron que podrían vender «un par de miles» de equipos al año. Aquello habría sido mucho para ellos, ya que hasta la fecha habían vendido menos de doscientos.

Valentine concluyó con total precisión que esos muchachos no sabían nada de marketing ni de cómo conseguir grandes ventas. Además, diría él, «no pensaban lo suficientemente a lo grande, ni mucho menos», y en su opinión eso era una mala señal. «Quienes piensan a lo grande suelen hacer grandes cosas. Quienes piensan a pequeña escala jamás hacen grandes cosas», le gustaba decir. Los rechazó, pero le dio a Jobs el nombre de otro inversor potencial: A. C. *Mike* Markkula.

Markkula, que apenas superaba la treintena, había sido uno de los primeros empleados de Intel y se hizo millonario cuando la empresa de chips vendió accionariado al público por primera vez. Ahora se encontraba más bien retirado, disfrutando de su familia y viviendo de sus inversiones.

Markkula llegó al garaje de los Jobs en un deportivo Chevrolet Corvette de color dorado. Primero, reparó en que a los dos Steves les hacía falta un corte de pelo. A continuación, vio la computadora y se le fue la cabeza. «Era lo que yo había deseado desde que salí del instituto», dijo él. En aquel instante se olvidó de las apariencias: «Uno siempre está a tiempo de cortarse el pelo», añadió.

Tras una serie de debates se ofreció a garantizar personalmente una línea de crédito de 250.000 dólares para conseguir que el Apple II despegara. Tenía una condición: Wozniak debía dejar Hewlett-Packard y unirse a tiempo completo a la compañía.

Había un problema: Wozniak no tenía la menor intención de hacerlo.

Un poco verde aún

Muy al estilo de los primeros automóviles, el Apple I apenas guardaba similitud con lo que llegarían a ser las computadoras personales a la vuelta de una década.

En el manual de instrucciones de Apple se afirmaba que el producto había sido ensamblado por completo y comprobado. El propietario solo tenía que instalar un teclado, un monitor y una fuente de alimentación. Después de conectarlos, se recomendaba la ejecución de un programa simple de prueba para asegurarse de que todo funcionaba como debía. Digamos que las instrucciones no eran muy intuitivas para el usuario:

PRIMERO: pulse el botón RESET para acceder al monitor del sistema. Deberá mostrarse una barra invertida, y el cursor deberá saltar a la línea siguiente.

SEGUNDO: teclee- Ø: A9 b Ø b AA b 2Ø b EF b FF b E8 b 8A b 4C b 2 b Ø (RET)

(Ø es un cero, NO un carácter alfabético «O»; b significa un espacio de separación o en blanco; y (RET) que pulse la tecla «Return» del teclado.)

TERCERO: teclee-Ø . A (RET)

(Esto debería mostrar impreso en la pantalla el programa que usted acaba de introducir.)

CUARTO: teclee- R (RET)

(R significa ejecutar el programa.)

Una vez ejecutado, el programa vomitaba un mar de caracteres y así mostraba que el teclado, el monitor y la computadora se estaban comunicando. Para detener el programa, había que presionar «Reset». Pan comido, ¿eh?

Steve Jobs (izquierda) y Steve Wozniak trabajando juntos en el Apple II.

8

El Apple II

Si Steve Jobs no estaba pensando lo suficientemente a lo grande, Mike Markkula sí, y de eso no cabía la menor duda. Antiguo responsable de mar keting en Intel, Markkula nunca había dirigido una compañía, pero el que fuera un gimnasta en sus años de instituto era ahora un verdadero ingeniero, capaz de apreciar el potencial de las computadoras de escritorio como el que más: se dio cuenta al instante de que el Apple II podía ser mucho más que un simple juguete para aficionados a la informática y los videojuegos: podía ser una herramienta verdaderamente útil, en especial para esa gente común que deseaba tener ordenadas sus recetas o llevar un registro de sus movimientos bancarios.

«Esto es el comienzo de toda una industria —dijo a Jobs y a Wozniak además de predecir que, en cuestión de años, la compañía entraría a formar parte de la prestigiosa lista Fortune 500 que engloba a las empresas más grandes

de los Estados Unidos—. Sucede una vez cada diez años»,
añadió.

Para hacerlo posible, necesitaba el equipo de gente apropiado, y eso incluía a Steve Wozniak, y también a Steve Jobs.
Wozniak, sin embargo, era feliz trabajando para Hewlett-
Packard, y a su joven esposa le gustaba la seguridad de la nómina cada fin de mes. Además, él ya tenía muy claro desde
hacía tiempo que no quería decirle jamás a la gente lo que tenía que hacer, prefería diseñar computadoras y programar
software. «Yo no tengo madera de jefe», afirmó.

Estuvo rumiando la decisión durante unos días y le dijo
a Markkula que se iba a quedar como estaba.

A Steve Jobs no le gustaba aceptar un no por respuesta, y
no iba a cambiar ahora, así que se lanzó a una cruzada individual para lograr que su amigo cambiara de opinión. Presionó a los amigos de Wozniak para que le llamaran, telefoneó
al hermano de Woz e incluso llegó a presentarse ante sus padres para rogarles su ayuda entre lágrimas. En un par de días,
el teléfono de Woz no paró de sonar.

La campaña de Jobs funcionó al fin. Un amigo de toda
la vida acabó convenciendo a Wozniak de que se podría la-
brar su fortuna como ingeniero en la compañía nueva sin tener
que convertirse en jefe ni en un ejecutivo.

En enero de 1977 quedaba creada de manera formal la
Apple Computer Company, con Jobs, Wozniak y Markkula como poseedores de participaciones igualitarias, y una pe-

queña participación reservada para otros. Para completar el equipo, Markkula se trajo como director a un viejo amigo y antiguo compañero de trabajo, Mike Scott, quien, al ser el segundo Mike, pasó a ser conocido como *Scotty*. Scott recibió el encargo de poner cierto orden en aquel pintoresco negocio y mantener a Jobs más o menos a raya, si bien ya desde el principio el intenso y a veces temperamental Scott chocó frontalmente con el apasionado y a menudo corrosivo Jobs.

Cuando aterrizó Scott, Apple ya se había trasladado del garaje a sus primeras oficinas, y una de sus tareas iniciales consistió en crear una nómina propiamente dicha. Chris Espinosa, que aún asistía al instituto Homestead en aquella época, había empezado a trabajar en el garaje durante las vacaciones de Navidad, y recuerda que Jobs «había estado pagando a la gente con la libreta de cheques de la compañía, y no con mucha regularidad». De manera que, en el día de San Patricio, Scott asignó a cada uno de ellos un número de empleado de cara al sistema de nóminas, y se reservó el 7 para sí. Espinosa, que sigue trabajando para Apple, fue el número 8, puesto que todos los demás números se habían repartido ya cuando él salió del instituto.

Wozniak recibió el número 1, y Jobs el 2, una decisión que puso a Steve hecho un basilisco. Se enfrentó a Scott, exigió el número 1 y montó un escándalo, pero al contrario que tanta otra gente con la que se había cruzado Jobs a lo largo de los años, Scott no se dejó intimidar. Accedió a una pequeña solución de compromiso: Steve se pondría el número 0 en su identificación como empleado, pero permanecería como el número 2 a efectos de la nómina.

Mientras Wozniak trabajaba en el desarrollo de la placa nueva, Scott se centraba en el proceso de fabricación, Markkula cuidaba del marketing y el dinero, y Jobs se encargaba de todo lo demás que tuviera que ver con las oficinas y con el Apple II. Era notoria su condición de perfeccionista en cuanto al menor de los detalles: cuando recibieron la máquina de escribir para la oficina, montó en cólera porque era azul en vez de un color más neutro; cuando la compañía telefónica se presentó con unos terminales de un color equivocado, no descansó hasta que se los cambiaron. Y quería los bancos de trabajo de color blanco, no gris.

Jobs reservaba sus mayores exigencias para el propio equipo: rechazó el primer diseño de una placa de circuitos impresos porque las líneas no eran lo suficientemente rectas por mucho que aquella placa fuera a quedar lejos del alcance de la vista del propietario. Contrató a un especialista para que diseñara una fuente de alimentación que no requiriera de un ventilador ruidoso para su refrigeración. Mientras que todos los demás fabricantes de computadoras estaban utilizando carcasas de metal, él decidió que una de plástico resultaría más elegante y atractiva.

Al afrontar la forma de la carcasa, Jobs estudió el diseño de los electrodomésticos y los equipos de música que tenían en los grandes almacenes Macy's. Disponía de decenas de tonos de beige entre los que escoger, pero no le terminaba de gustar ninguno de ellos y quiso crear el suyo propio. Se pasó semanas debatiendo consigo mismo la redondez exacta que debían tener las aristas de la carcasa, y casi vuelve loco a Scott con su indecisión.

La revista *Time* dijo en una ocasión que Wozniak era «esa clase de individuo capaz de ver un soneto en un circuito». Jobs, por el contrario, era capaz de quedarse mirando una caja de color beige y percibir la belleza. El producto que él imaginaba era tan elegante y grácil como útil, una intersección de la tecnología y el arte cuyo resultado era algo verdaderamente especial. Aquella visión sería su impulso —con distintos grados de éxito— durante el resto de su carrera profesional.

Aun así, sus exigencias de perfección —tal y como él mismo las definía— resultaban complicadas para la gente que le rodeaba. Quería bajar los precios de todos los proveedores: «Ajusta esos números», les decía. Menospreciaba el trabajo de los programadores jóvenes, aun cuando no siempre llegara a entender al detalle lo que estaban haciendo, y siempre tenía algo que decir respecto de todo. Scott y él se gritaban tanto entre sí y lo hacían tan abiertamente, que la gente se refería a sus desacuerdos como las «guerras de Scotty». A Steve había que enfriarlo a base de paseos por el estacionameinto.

—Jobs no puede dirigir nada —diría Scott—. Pones algo en marcha y él hace que todo se tambalee. Le encanta revolotear por ahí como un colibrí a ciento cincuenta kilómetros por hora.

A pesar de toda su insistencia en que el aspecto de la computadora fuera perfecto, Steve Jobs no se aplicaba a sí mismo la norma en cuestión. Entre sus hábitos más inusuales se encontraba el de un masaje improvisado para los pies que se le había ocurrido: se sentaba en la cisterna del retrete, metía los pies en la taza y tiraba de la cadena para aliviarse el estrés. Seguía sin ducharse con regularidad y, a causa de su dieta, tampoco creía necesitarlo: eso hacía que tenerla cerca resultara en verdad desagradable. Scott y Markkula trataron de que lo reconsiderara.

—Íbamos a tener que sacarlo literalmente por la puerta y decirle que se fuera a darse una ducha —aseguró Markkula. Aun entonces, habría de pasar todavía un tiempo antes de que mejoraran sus hábitos a la hora de acicalarse.

La costa oeste celebró su primera feria de informática en la primavera de 1977, y aquellos primeros empleados de Apple se lanzaron a toda prisa a alistar el equipo nuevo. Cuando recibieron las primeras carcasas con unas minúsculas burbujas en el plástico, Jobs se aseguró de que se lijaran y se volvieran a pintar para que quedaran bien.

Esta vez, Apple había alquilado un espacio cercano a la zona frontal de la feria e iba a todo lujo. Había encargado un gran letrero con el nuevo logotipo de colores de la empresa: una manzana con un mordisco, en parte un guiño al byte informático, el espacio de almacenamiento de una computadora necesario para contener una letra, que en inglés se pronuncia igual que «mordisco». Los únicos tres equipos Apple II completos de que disponía la empresa estaban expuestos. A la feria asistieron más de trece mil personas, y resulta difícil saber qué fue más impresionante, que Steve Jobs se comprara y vistiera su primer traje, o que Apple regresara a casa con trescientos pedidos de su producto al precio de 1.298 dólares.

Tras los cuatro primeros meses de 1977 en que no había sacado prácticamente nada, llegados a finales del mes de septiembre la pequeña empresa había tenido ventas por valor de 774.000 dólares, e incluso alcanzó unos beneficios de casi 42.000 dólares en su primer año como una verdadera compañía.

Pero tampoco es que fuera una gran empresa, todavía. Tenía un folleto publicitario aceptable, con la foto de una manzana roja y el eslogan: «La simplicidad es la máxima expresión de la sofisticación»; las oficinas consistían en un espacio único y grande, sin recepcionista ni salas de reuniones, y con gente que iba con prisas de aquí para allá. La mitad de la sala estaba alfombrada, la de los comerciales, los de marketing y los jefes; la otra mitad tenía suelo de linóleo y seis mesas de trabajo, para los ingenieros y para la fabricación.

Dado que no había nadie disponible para atender a quienes se pasaban por allí en busca de información, Chris Espinosa iba a la oficina los martes y los jueves después de clase para enseñar el equipo a quien quisiera verlo.

Este folleto del Apple II incluye uno de los primeros eslóganes de Apple: «La simplicidad es la máxima expresión de la sofisticación». Esta convicción se aprecia aún hoy en los productos, diseños y campañas publicitarias de Apple.

Las ventas continuaron creciendo, en especial desde que la gente que no formaba parte de Apple comenzó a escribir y vender juegos y otros programas en cintas de casete que le daban a la máquina la posibilidad de ser más útil. Markkula había escrito un programa para llevar una cuenta bancaria, y le metió prisa a Wozniak para que encontrara el modo de conectar una pequeña unidad de disco que permitiera cargar el programa en la computadora e ir más rápido. Llegada la primavera de 1978, Wozniak ya había ideado la manera de lograr que el Apple II se comunicara con una unidad de discos nueva, capaz de leer los datos contenidos en unos discos flexibles, planos y endebles de un tamaño de 5,25 pulgadas (13,33 cm).

Ahora sería mucho más fácil compartir, vender y utilizar el software nuevo. Las ventas de Apple se dispararon hasta los 7,9 millones de dólares a finales de septiembre de 1978.

Hasta entonces, Jobs y sus socios en Apple pensaban que fabricaban equipos para aficionados a la informática, amantes de los videojuegos y usuarios domésticos; pero en 1979, un par de hombres de negocios de Boston ideó una manera de simplificar los cálculos financieros. Antes de aquello, siempre que se modificaba un supuesto de ventas o de costos, a alguien le tocaba sentarse a recalcular a mano decenas de números con el fin de conocer las consecuencias de tales cambios. Su programa, al que llamaron VisiCalc (de «calculadora visible»), se había diseñado en un Apple II y se vendía solo para computadoras Apple. Ahora, los hombres de negocios que tan largo tiempo habían hecho caso omiso de aquellos productos tenían una buena razón para comprar un Apple.

Benjamin Rosen, un analista de mercado de la oficina neoyorquina de Morgan Stanley, quería que su departamento técnico le comprara un Apple, pero estos no estaban convencidos de que fuera útil.

—Solo hizo falta una demostración —según recuerda él. Abrió el VisiCalc y mostró a los técnicos las filas y columnas llenas de cifras financieras. Modificó una y pulsó «recalcular». Todos los demás números de la hoja se actualizaron—. Un «oooh» resonó por toda la sala —asegura Rosen, y consiguió su computadora, además de convertirse en uno de los apoyos más activos y visibles de la joven empresa.

A la vez que trabajaba largas horas para mantenerse al paso del crecimiento de Apple, Steve Jobs estaba a punto de enfrentarse a otro tipo de complicación en su vida privada. Su amigo de la universidad Daniel Kottke y él habían alquilado una casa a la que apodaron «Rancho Suburbia», y la novia intermitente de Steve, Chrisann Brennan, se trasladó a vivir a una de las habitaciones y empezó a trabajar en Apple. Retomaron la relación por un tiempo... hasta que Brennan quedó embarazada.

Ella estaba segura de que Steve era el padre, pero él lo negaba y no tenía el menor interés en casarse. La convenció de que no diera al bebé en adopción, pero, por otro lado, Steve tampoco le hizo mucho caso y se dedicó, básicamente, a ignorarla. Llena de frustración, enfadada y carente de estabilidad emocional, Brennan dejó el trabajo y se trasladó a Oregón, a la All One Farm, donde ya había estado.

Fue allí donde nació el bebé, una niña, el 17 de mayo de 1978. Steve fue a visitarla tres días más tarde, y entre los dos le pusieron el nombre de Lisa Nicole Brennan, pero después de eso, Jobs no quiso tener nada que ver ni con Chrisann ni con la niña.

A pesar de que la porción de Apple que poseía Jobs valía ya millones de dólares, solo les proporcionó alguna ayuda económica ocasional y siguió negando que él fuera el padre. Llegó incluso hasta el punto de firmar un documento legal en el que decía hallarse físicamente incapacitado para tener hijos. Entretanto, Brennan vivía de malos trabajos y de los subsidios que le pagaba el condado.

En 1979, cuando los test de ADN eran una novedad, Jobs sorprendió a Brennan al acceder a cerrar la cuestión de una vez por todas. El test de paternidad concluyó que había un 94,41 por ciento de probabilidades de que Steve Jobs fuera el padre. Aun así, él siguió insistiendo ante sus amigos, ante la gente de Apple e incluso ante la prensa en que, desde una perspectiva estadística, el padre podía ser otra persona.

Finalmente, el condado de San Mateo demandó a Steve Jobs y él se vio obligado a pagar 385 dólares mensuales de manutención de la niña y a devolver al condado los 5.856 dólares correspondientes a los subsidios que había abonado. «Por aquel entonces no era capaz de verme como padre, así que no lo acepté», dijo Steve. Más adelante lamentaría su comportamiento: «Ojalá hubiera hecho las cosas de otra manera», aseguró. Con el paso del tiempo, le compraría una casa a Chrisann, pagaría los estudios de Lisa y la mantendría económicamente hablando, pero habría de pasar mucho tiempo aún para que llegara a ser algo similar a un padre para su hija.

En una curiosa vuelta de tuerca del destino, Steve Jobs tenía veintitrés años cuando nació Lisa, la misma edad que sus propios padres biológicos cuando él nació fuera del seno del matrimonio y fue entregado en adopción, si bien él no lo sabría hasta pasados unos años. Por el momento, su atención se hallaba centrada en su otra criatura, Apple, que estaba a punto de hacer que se sintiera un padre verdaderamente orgulloso.

Jerga informática

Para montar su nuevo modelo de computadora, Wozniak necesitaba algo más que un microprocesador. Estos son algunos de los otros componentes que se podían encontrar dentro del Apple II, y de muchos más equipos.

La ROM es la memoria de solo lectura, un chip que contiene una información fija y especializada que no se puede borrar ni modificar. Una vez que Wozniak terminó el lenguaje que iba a hacer funcionar el Apple, este se almacenaba en la memoria de solo lectura de la computadora, de manera que actuara cuando se encendía.

La RAM es la memoria de acceso aleatorio, una memoria temporal que se puede tanto borrar como sobreescribir. Cada vez que abres un programa en la pantalla de tu computadora, su RAM te ayuda a hacerlo (por eso puedes perder tu trabajo si no lo guardas con regularidad en el disco duro).

Con el Apple II, Wozniak se convirtió en uno de los primeros en utilizar la DRAM, o memoria dinámica de acceso aleatorio, que requiere una renovación electrónica continua. Los chips DRAM son más pequeños y más baratos que la tradicional memoria estática de acceso aleatorio (chips SRAM), lo que significa que es posible utilizar mayor cantidad de ellos.

El primer Apple II de Wozniak tenía ocho mil bytes de DRAM. Hoy en día, la mayoría de usuarios quiere que sus equipos tengan de dos a cuatro mil millones de bytes de memoria para que funcionen con rapidez y estabilidad.

El BASIC es un lenguaje informático simple que permite a la gente escribir sus propios programas y software, que le digan a la computadora lo que tiene que hacer. Para comunicarse, esta necesita un lenguaje, exactamente igual que nosotros.

Uno de los primeros lenguajes BASIC fue el que unos chicos de Harvard escribieron para el Altair. Se trataba de Bill Gates, Paul Allen y Marty Davidoff, y lo basaron en el lenguaje BASIC que había utilizado la Digital Equipment Corporation. Gates y Allen siguieron adelante y crearon una compañía llamada Microsoft.

Wozniak se basó en una versión de Hewlett-Packard para escribir su BASIC. Igual que los norteamericanos y los británicos hablan distinto aunque utilicen el mismo idioma, las dos versiones del BASIC no eran iguales. Para que un programa escrito para el Apple funcionara en un equipo que llevara instalado el BASIC de Gates y Allen, había que traducirlo.

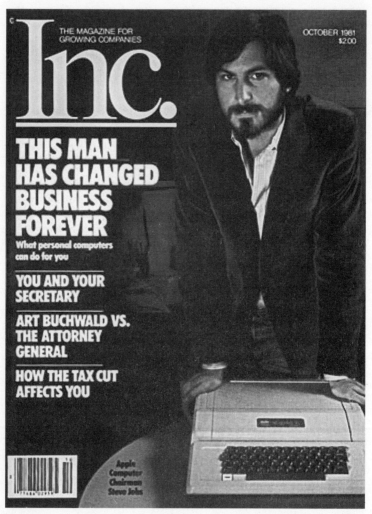

Tras el éxito de Apple con el Apple II, Steve Jobs se convirtió en una especie de celebridad y apareció en las portadas de varias revistas como el rostro de una nueva revolución en el campo de las computadoras personales. *Inc.* fue la primera revista que sacó a Steve Jobs en portada.

9

Millonario

Tal y como Steve Jobs había descubierto tiempo atrás, toda compañía en crecimiento necesita dinero —muchísimo— para alimentar su expansión. Conforme Apple iba creciendo, iba también necesitando de más ingenieros que diseñaran productos nuevos, más espacio para las oficinas y para la fabricación, más componentes y equipamiento, más publicidad, etcétera.

La consecución de los fondos cambiaría el rumbo de Apple y las vidas de sus fundadores. La inversión inicial de Markkula empezó a quedarse corta a finales de 1977, y a comienzos del año siguiente, la compañía recaudó sus primeras inversiones procedentes de personas ajenas a la empresa. Con la presentación del Apple II, la compañía, que había sido valorada en 5.309 dólares cuando se formó a inicios de 1977, pasó a estar valorada en cerca de 3 millones de dólares solo un año después. Otros nuevos inversores comprarían acciones en 1979 y 1980, y por cada paquete pagaban más que por el anterior. Sus compras reducirían el porcentaje de propiedad de Jobs, pero al pagar cada inversor más que el anterior, el valor de su participación ascendía.

¿El resultado? Cuando cumplió los veintitrés años, el valor de la fortuna de Jobs se estimaba en 1 millón de dólares; a los veinticuatro eran más de 10 millones. En 1979, Markkula y él vendieron cada uno más de 1 millón de dólares de su paquete de acciones. Jobs se adecentó y cambió sus vaqueros raídos por trajes a medida y, de forma ocasional, una corbata de moño. Pasó de su alquiler a una casa en Los Gatos, y de sus autos casi chatarra a un Mercedes Benz. Ahora bien, en parte por lo particular que era con respecto al diseño y las apariencias, nunca llegó a amueblar su casa y vivió durante años con un colchón y un Apple II en el suelo de su dormitorio y poco más que una mesa y unas sillas.

Uno de los inversores de 1979 fue la gigantesca Xerox Corporation. Como parte de la compra, Apple consiguió acceso a ciertos trabajos secretos que Xerox estaba llevando a cabo en su cercano Centro de Investigación de Palo Alto. En la época, las pantallas de computadora no eran más que un rectángulo negro con unas pocas letras mecanografiadas en color blanco o en un ámbar horrible. Para ejecutar un juego, se metía el disco en la unidad y se tecleaba >RUN GAME, D1 y se pulsaba RETURN. A continuación, entre una serie de pitidos y paradas, el juego se cargaba desde la unidad de disco.*

En Xerox PARC, que era como llamaban a aquel centro de investigación de Xerox por sus iniciales en inglés, científicos e ingenieros llevaban años trabajando en busca de maneras de hacer los equipos más simples y fáciles de usar. Cuando la computadora de escritorio estaba aún en pañales, ellos ya utilizaban redes con decenas de equipos unidos entre sí y compartían e-mails, más de una década antes de que eso fuera algo común para la gente corriente. Empleaban una caja rodante con forma rectangular que llamaban «ratón o mouse, por su nombre en inglés» y que se usaba para ayudar al usuario a desplazarse por la pantalla. Habían adoptado también la metáfora de una mesa, con sus papeles y carpetas aquí y allá, y de un modo similar, recrearon el aspecto de un escritorio en la pantalla. A cada página la llamaban «ventana», y usaban imágenes de carpetas, como si fueran archivos de verdad dentro de un archivador.

Steve Jobs echó un único vistazo y vio el futuro. Sus anfitriones de Xerox lo recuerdan dando saltitos arriba y abajo y gritando: «¡Pero si lo que tienen aquí es una mina de oro!».

—Fue uno de esos momentos apocalípticos —diría más adelante.

---

* Para hacerse una idea de cómo eran estas pantallas, basta con hacer clic en el icono del extremo izquierdo de la barra de tareas de una PC, teclear CMD en el cuadro y presionar RETURN. Se abrirá una ventana que es muy similar al aspecto que tenían los primeros equipos. *(N. de la A.)*

Después de ver lo que en Xerox llamaban una interfaz gráfica de usuario (GUI, por sus iniciales en inglés, que a veces pronunciaban igual que la palabra *gooey*, «pegajoso»), tuvo la certeza de que «todas las computadoras funcionarían así algún día. Resultaba obvio en cuanto lo veías».

Lo que también tenía claro Steve Jobs era que Apple podía hacerlo realidad.

Hay quienes tiempo después acusarían a Apple de rapiñar las ideas de Xerox, y Jobs no lo negaba cuando a menudo citaba a Picasso: «Los buenos artistas copian, los grandes roban». En realidad, Xerox tenía las ideas, pero no las había desarrollado hasta el punto de que pudieran incorporarse a un equipo normal y corriente. Steve atribuyó la ceguera al hecho de que Xerox estuviera comandada por «cerebros de tóner» —ejecutivos centrados en la venta de fotocopiadoras— que «se las habían arreglado para caer derrotados cuando tenían en la palma de la mano la mayor victoria de la industria informática». Más tarde, en 1981, Xerox intentaría llevar al mercado su increíble obra, pero erraría el tiro con una computadora de oficina que costaba 16.595 dólares.

Por su parte, Apple, que se enfrentaba ahora a los nuevos modelos de computadoras personales procedentes de compañías mucho más grandes como Texas Instruments y RadioShack, necesitaba algo especial que mantuviera la competitividad de sus productos en un campo de juego donde había cada vez más participantes. Su Apple II se vendía más y más rápido gracias al impulso del ingenio de Woz y de una cantidad de software escrito específicamente para él que no dejaba de aumentar, pero eso no iba a durar para siempre en un mundo que cambiaba a tal velocidad.

En la trastienda, la compañía estaba trabajando en un equipo denominado Apple III, que se presentaría en 1980, aunque también disponía de otros dos proyectos en camino: el de un producto de bajísimo costo para el gran público, y el de otro que sería una máquina más rápida y sofisticada, que contaría con la tecnología más innovadora. El proyecto se llamaba Lisa.

(Durante un tiempo, Apple insistió en que LISA era el acrónimo en inglés de «Arquitectura de Sistemas Integrados Locales», un nombre que no te decía nada pero sonaba al galimatías técnico de rigor. Sin embargo, y como ya te habrás imaginado, el Lisa había sido bautizado en honor de la hija de Steve.)

Jobs se puso de inmediato a buscar formas de incorporar al Lisa las ideas tan ingeniosas que había visto. Se puso en contacto con Dean Hovey, de Hovey-Kelley Design, y le encargó un mouse, si bien Hovey no tenía la menor idea de qué era un mouse. Steve le explicó cómo había de funcionar y que debía moverse en todas direcciones, no solo arriba y abajo, o a derecha e izquierda, también le dejó claro que lo quería de tal manera que él lo pudiera utilizar tanto sobre la superficie de su escritorio como sobre los vaqueros que llevaba puestos.

Inspirado, pero sin tener claros los componentes, Hovey se dirigió al supermercado Walgreens, y allí compró varios tipos de desodorante con sistema *roll-on* para estudiar el mecanismo de bola que llevaban, y un pequeño tarro de mantequilla para que hiciera las veces de carcasa rectangular. A partir de estas piezas construyó el primer prototipo de mouse de bola.

Aunque el de Xerox contaba con tres botones, Jobs insistía en que el mouse del Lisa tuviera solo uno, de forma que el usuario no tuviera que mirarlo mientras trabajaba. Los diseñadores del Lisa preferían un segundo botón que hiciera las veces de tecla de mayúsculas del teclado y, para hacer que un botón funcionara, lo dotaron de dos acciones: el clic y el ya famoso «doble clic».

Steve Jobs estaba tan motivado con lo que había visto en Xerox, que comenzó a presionar al equipo que se encargaba del Lisa para que desarrollara más herramientas y gráficos nuevos y para que aspirara a una meta mayor, más cósmica. Los apremiaba y les decía: «Dejemos huella en el universo. Vamos a hacer que esto sea tan importante que dejará huella en el universo», según cuenta Trip Hawkins, uno de los responsables de marketing de Apple que seguiría su camino para fundar la compañía de videojuegos Electronic Arts. Dado que Steve no tenía un papel claramente definido en Apple, empezó a tomar el mando del proyecto de forma gradual.

Esto preocupó a Mike Scott. El Lisa iba a ser un producto innovador dirigido al sector de negocios, y él dudaba que Jobs, perturbador y despótico, fuera capaz de dirigir un departamento. De manera apenas reciente, el Apple III había sufrido en parte en sus manos. En contraste con el Apple II, cuyo diseño era en su mayoría obra de Woz, el Apple III se había diseñado de manera colectiva y allí había metido la mano todo aquel implicado en el proyecto.

Al igual que hizo con el Apple II, Steve insistió en diseñar la carcasa, pero la que él aprobó para el Apple III no era lo bastante grande para que cupiera toda la circuitería que debía albergar. Con el fin de meter las placas, los ingenieros hicieron modificaciones que más adelante crearían problemas: algunos componentes, sencillamente, no funcionaban bien; y aquel catálogo enorme de software del Apple II corría en esta máquina solo si se deshabilitaban algunas de las nuevas características. Había que escribir un software nuevo.

Con el Apple III ya en el mercado —salió a finales de 1980—, algunos de sus chips cogieron la costumbre de soltarse. Hasta que se pudiera rediseñar la máquina, la recomendación de la compañía para solucionarlo consistía en levantar la parte frontal del equipo unos milímetros y dejarla caer. Por mucho que aquello recolocara los chips en su sitio, se trataba de una solución tan vergonzosa como deshonesta.

Aun cuando el Apple III fuera un desastre, las versiones mejoradas del Apple II seguían volando de las tiendas. En otoño

Steve Jobs, John Sculley y Steve Wozniak presentan un nuevo modelo de Apple.

de 1981, la compañía había vendido más de trescientas mil de aquellas cajas de color beige, y registrado unas ventas anuales de 335 millones de dólares; ahora bien, el Apple III jamás se vendió bien, e hizo que se cuestionara la capacidad de Apple a la hora de fabricar una computadora de categoría para las oficinas.

El Lisa supondría una nueva oportunidad, y Steve Jobs deseaba con toda su alma estar al frente del proyecto, pero Scott situaría a otra persona al mando. En una serie de movimientos en el consejo, Jobs fue nombrado presidente de la compañía, el cargo más alto, aunque en esencia no era sino una figura decorativa que seguiría siendo el rostro visible y la voz pública de Apple. Le dolió y le enfadó el hecho de que lo retiraran del proyecto Lisa, pero eso también le liberó las manos para centrarse en la tarea más inmediata que se le presentaba: Apple estaba a punto de vender sus acciones al público por primera vez.

Salir a bolsa, que es como se llama tal proceso, es una especie de rito iniciático para las empresas con un crecimiento rápido, un modo de atraer a una franja más amplia de inversores al permitir que cualquiera pueda comprar participaciones —o la propiedad— de un minúsculo mordisco de la «manzana». El dinero recaudado de la venta de acciones al público alimentaría el fuego de un mayor crecimiento y, además, una vez que las acciones salen a la venta, se subastan entre los inversores y esto facilita que los empleados y directivos puedan vender las suyas si lo desean.

No obstante, una salida a bolsa implica todo tipo de responsabilidades: la empresa debe dar cuenta de sus resultados financieros y de sus noticias relevantes para que los inversores puedan tomar decisiones. También se ha de hacer público el sueldo de los ejecutivos, y para los más altos entre ellos, hallarse bajo la atenta mirada del público supone una mayor cantidad de trabajo.

Conocidos tanto la lealtad de los usuarios de Apple como el éxito de la compañía, todo el mundo quería acciones de Apple. Muchos de los empleados fijos habían recibido acciones como parte de su paga, pero no así los que cobraban por horas, y tal era el caso de algunos de los más antiguos y leales de ellos, como Bill Fernandez, Daniel Kottke y Chris Espinosa.

Kottke, amigo de Steve desde la universidad, estaba especialmente consternado ante aquello e intentaba —sin éxito— discutir el tema con Jobs. Finalmente, otro de los directivos más antiguos presionó a Jobs para que le cediera parte de sus acciones y se ofreció a ceder él también la misma cantidad que le diera Steve a Kottke. «Genial, lo que le voy a dar es cero», le soltó Jobs.

En la creencia de que sus acciones alcanzaban un valor económico total mayor de lo que él jamás necesitaría, Wozniak cedió parte a sus padres, a su hermano y a su hermana, y también a algunos de los antiguos colegas que no habían recibido ninguna. Vendió igualmente ochenta mil acciones a compañeros de trabajo a un precio que resultaría ser un buen descuento respecto del que alcanzarían unos pocos meses más tarde.

Además, Alice, la mujer de Wozniak, le había pedido el divorcio, y a su bolsillo iría a parar otro paquete de las acciones de este.

Apple Computer salió a bolsa el 12 de diciembre de 1980, en la mayor oferta pública de valores desde que la Ford Motor Company pusiera a la venta sus acciones en 1956. Los 4,6 millones de acciones volaron a un precio de 22 dólares cada una, pero la demanda fue tan elevada que el precio se disparó a los 29 dólares solo en el primer día. A sus veinticinco años, Steve Jobs poseía el 15 por ciento de la compañía, con un valor que ahora rondaba los 220 millones de dólares. A pesar de todos sus repartos, el porcentaje de Woz poseía un valor de unos 116 millones de dólares, y al menos otros cuarenta empleados de Apple se habían convertido en millonarios. Fue una época de locura. Aquella abundancia resultó emocionante, pero también distrajo y alteró a muchas personas en Apple.

Wozniak había seguido trabajando en el Apple II, aunque le costaba encontrar su sitio en una empresa mucho más grande ahora. Se distraía con suma facilidad e iba pasando de un proyecto a otro cuando se aburría del anterior, aunque no lo hubiera finalizado. Consiguió una nueva novia y empezó a pilotar avionetas.

No mucho tiempo después de que Apple saliera a bolsa, Wozniak se disponía a volar con su novia y otros dos amigos en un viaje corto cuando tuvo problemas a la hora del despegue. La avioneta se estrelló, los pasajeros resultaron heridos y él perdió un diente y sufrió amnesia temporal.

Tras recuperarse, Wozniak se tomó un largo periodo de descanso de la empresa para regresar a Berkeley y finalizar sus estudios universitarios bajo el nombre de «Rocky Raccoon Clark». Se había dado cuenta de que no necesitaba mucho para disfrutar de la vida, siempre que pudiera reír, estar con la familia y los amigos y dedicarse a lo que fuera que le resultara de interés. Preocuparse por los objetivos de ventas, la competencia y acabar con dragones corporativos sencillamente no iba con él; y jamás lo haría.

—Me parece que la felicidad es lo más importante en la vida, cuánto te ríes —diría más adelante—. Así soy yo, así quiero ser y así he querido ser siempre.

Por su parte, Steve Jobs entregó a sus padres acciones por valor de 750.000 dólares. Tuvieron así por primera vez la oportunidad de saldar su hipoteca y dieron una pequeña fiesta para celebrarlo. Año tras año se daban el gusto de un crucero, pero aparte de eso, siguieron viviendo sus vidas con total normalidad.

El dinero y el éxito de Apple convirtieron a Steve Jobs en una especie de celebridad. Durante el bienio siguiente, recorrería las portadas de las revistas como el rostro juvenil de una generación de inventores y hombres de negocios que estaba llevando la informática al gran público.

No le importaba el dinero: si bien es cierto que tampoco lo regalaba como Wozniak, la riqueza no era su objetivo, y se negó a que fuera lo que lo moviera.

El *dream team* que se encontraba detrás del Macintosh en 1984 (con Jobs en el extremo derecho).

—Lo importante es el camino, no la meta —dijo—. No se trata solo del logro de algo increíble. Se trata del propio hecho de hacerlo, día tras día, de tener la oportunidad de participar en algo verdaderamente increíble.

No pasó mucho tiempo antes de que hallara su lugar en Apple en el pleno centro de ese tipo de experiencia tan increíble. Y no fue prematuro. El gigante International Business Machines, conocido como IBM, la compañía informática más dominante del mundo, estaba a punto de irrumpir en el negocio de las computadoras personales.

10

Piratas

Cuando Steve Jobs se dirigió a la promoción de graduandos de Stanford de 2005, su primera historia trataba de seguir los puntos que iban desde la promesa que sus padres hicieron a su madre biológica acerca de que asistiría a la universidad, hasta su propia decisión de dejar el Reed College tras un semestre de clase. Ahora, a los veintiséis años de edad, el resto de la historia comenzaba a cuajar.

Tras el exilio del proyecto Lisa y el éxito de la salida a bolsa, Jobs trasladó su atención a un proyecto menor de Apple: se trataba de hacer un equipo simple, barato y para todo el mundo. Ya un par de veces habían estado a punto de cerrar aquel proyecto secreto al que habían apodado Macintosh y albergado en un edificio independiente, apartado de la actividad principal.

En cuanto Steve se tomó más interés en la idea de un producto simple y barato y se trasladó para controlar el proyecto, también comenzó a presionar decidido a introducir algunas de las novedades tan increíbles que había visto en Xerox. Una de ellas era la elección de unas tipografías maravillosas. Hasta entonces, las computadoras solo tenían un tipo de letra, una versión cuadrada, dentada y fácil de mostrar en los monitores baratos.

Jobs hizo fuerza para que el Macintosh contara con la capacidad de dar a elegir al usuario de entre un menú de tipografías en diferentes tamaños, en negrita o cursiva, todas ellas espaciadas proporcionalmente. Para hacer de aquellas tipografías algo aún más especial, insistió en que recibieran los nombres en inglés de ciudades mundiales de primer orden: Nueva York, Londres, Ginebra y Chicago.

Tal decisión se basó en la experiencia adquirida en el Reed College. Allí, dado que no estaba asistiendo a ninguna de las clases obligatorias, se pasaba por una clase sobre caligrafía y los elementos que aportan belleza a un tipo de letra. En la época, unos estudios así parecían del todo accesorios, pero a comienzos de los ochenta probaron ser útiles.

Gracias en gran parte a esas clases en Reed, el Mac sería la primera computadora personal que ofrecería al usuario la posibilidad de escribir cartas estéticamente atractivas en el trabajo, o de realizar carteles y folletos. Resultó ser una extraña e inesperada cadena de acontecimientos: la decisión de Steve de dejar la universidad y meterse en unas clases de caligrafía condujo a una utilidad de los equipos personales que sería copiada por otros.

No podía haber previsto todo esto a los diecisiete años. Esa revelación, esa experiencia, le enseñó una lección muy valiosa, contaba Steve a los alumnos de Stanford, porque, ya que no podemos ver lo que tenemos por delante, «deben confiar en que, de algún modo, los puntos se conectarán en su futuro».

Asimismo, la reorganización de la empresa y la expulsión del proyecto Lisa —puntos conectados de un modo similar— llevaron a Jobs hacia el Macintosh. También en esto hubo algo de karma, casi al igual que la manera en que el primer Apple cobró forma en el garaje de los Jobs.

Jef Raskin, que había nombrado el proyecto escribiendo mal intencionadamente el nombre de su variedad de manzana favorita, soñaba con fabricar una computadora personal barata y tan fácil de usar y tan útil como un electrodoméstico, concepto que apelaba al deseo de Steve Jobs de esta tecnología, algo al alcance de todo el mundo. Pero cuando Jobs comenzó a entrometerse en el trabajo, y a indicarles cómo había de ser el equipo, cayó bastante mal a la gente.

En un virulento informe dirigido al director de Apple, Mike Scott, a comienzos de 1981, Raskin dijo de Jobs que era «un jefe horrible» y apuntó que faltaba a sus reuniones con regularidad, que actuaba sin pensar y que no otorgaba el mérito a quien le correspondía. Y continuó vertiendo sobre Steve una crítica que se repetiría a lo largo de su carrera: «Muy a menudo, cuando le hablaban de una idea nueva, la atacaba de inmediato y decía que no valía para nada o incluso que era estúpida —escribió Raskin—. Pero si la idea era buena, enseguida se ponía a contársela a la gente como si hubiera sido suya».

Bien pudo haber sido totalmente cierto todo cuanto escribió, pero esas palabras no cayeron bien al cien por cien. Fue convocado a una reunión con Jobs y, cuando ambos se pusieron de acuerdo en que no podían ponerse de acuerdo, a Raskin le pidieron que se tomara una temporada de descanso.

Scott, por su parte, estaba teniendo problemas. Había dotado a Apple de organización y estructura, y había tenido en jaque a Steve Jobs durante cuatro años, pero en Scott siempre había habido algo de tirano y, cuando Apple creció, él fue desarrollando ciertos problemas de salud y su estilo de dirección se volvió errático. En marzo de 1981, unos meses después de la salida a bolsa, despidió en el acto a cerca de cuarenta empleados que, decidió él, no eran lo bastante buenos. Aquellos despidos, que pasaron a ser conocidos como el «miércoles negro», molestaron a los empleados y tuvieron eco en toda la empresa.

Scott fue despedido poco después; Markkula se convirtió en director y Steve tuvo entonces mucha más libertad de la que había disfrutado en una larga temporada.

Jobs se hizo rápidamente con el control del proyecto Macintosh, y su primera jugada fue la de formar un «equipo titular». Andy Hertzfeld trabajaba en el Apple II y estaba deseando unirse al proyecto Macintosh. Una mañana tuvo una entrevista con Steve Jobs y, a continuación, regresó a su puesto de trabajo. Aquella tarde, Jobs se asomó por su cubículo y le dijo que el puesto era suyo.

«Eh, eso es genial», dijo Hertzfeld. Solo necesitaría un día o dos para finalizar el trabajo que estaba haciendo. Sin embargo, la idea que tenía Steve era algo distinta: «¿Qué hay que sea más importante que trabajar en el Macintosh?», le preguntó.

«Y dicho eso —contaba Hertzfeld más adelante— se acercó a mi mesa, localizó el cable de alimentación de mi Apple II, tiró de él y lo desenchufó».

Todo aquello en lo que Andy había estado trabajando se perdió. Steve puso el monitor sobre la computadora de Hertzfeld y le dijo: «Ven conmigo, voy a llevarte a tu nueva mesa».

La nueva mesa resultó ser la antigua mesa de Raskin.

A lo largo de los tres años siguientes, el pequeño grupo que formaba parte del proyecto fue testigo de lo mejor y de lo peor de Steve: su encanto y sus ácidas críticas, su vigor, su arrogancia y su visión, su capacidad para quedarse mirando algo muy ordinario y ver de forma intuitiva el potencial que tenía para convertirse en algo verdaderamente extraordinario. No quería un buen producto, ni siquiera una genialidad. El Macintosh, diría él una y otra vez, tenía que ser «de una genialidad demencial».

Al tiempo que se motivaban para realizar un trabajo cada vez mejor, según la definición de Jobs, los miembros del equipo intentaron adaptarse a las erráticas formas de su jefe. Steve le echaba un vistazo al trabajo de alguien y lo calificaba de «montón de basura», pero a menudo con palabras más fuertes, o bien podía aparecer y decir:

—«Esto es lo más grande que he visto nunca», y lo más terrible es que ambas expresiones se referían a la misma cosa —contaba Hertzfeld.

Bud Tribble, otro de los miembros del grupo, definió una característica única de Steve Jobs que el equipo de desarrollo del Mac —o cualquier otro equipo con el que trabajara Steve— jamás supo cómo anular. Tribble lo llamaba el «campo de distorsión de la realidad» de Steve Jobs, un término tomado de la serie de televisión *Star Trek*.

—En su presencia, la realidad es maleable —explicaba Tribble—. Es capaz de convencer a cualquiera de prácticamente cualquier cosa. Y el efecto se desvanece cuando él no está.

En ciertos momentos, el campo de distorsión de la realidad de Jobs le llevaba a actuar como si las normas de la vida cotidiana no le afectaran: conducía un coche sin placa de matrícula y solía aparcarlo en las plazas reservadas para los minusválidos de la compañía Apple. Citaba como si fueran hechos algunas afirmaciones absolutamente inventadas, esperaba resultados en plazos poco realistas y establecía unas metas tan altas que resultaban imposibles. La gente le creía cuando estaba allí, con ellos, y solo recuperaba el sentido una vez que se marchaba. Ahora bien, Steve Jobs presionaba con tal fuerza, que en ocasiones esa gente conseguía que lo imposible se hiciera realidad.

Jobs peleó todos y cada uno de los detalles del Macintosh. Se obsesionó con las barras de título —así llamaban al encabezamiento superior de cada pantalla y documento— e insistió en que los diseñadores las rehicieran una y otra vez, más de una docena de veces. Cuando los diseñadores protestaron, él repelió el ataque: «¿Se pueden imaginar tener que estar viendo esto todos los días? No se trata de un simple detalle».

En cierta ocasión quiso cambiar el nombre del Macintosh por «Bicicleta», porque al igual que la bicicleta había mejorado la velocidad del ser humano, la computadora haría las veces de «bicicleta para la mente». El equipo tuvo que convencerlo para que desechara la idea.

Un diseñador de software que estaba escribiendo un programa de dibujo que iría incluido en la computadora encontró la manera de crear óvalos y círculos con rapidez. A Jobs le gustó, pero al instante quiso algo más: ¿podría también crear rectángulos con las esquinas redondeadas?

El diseñador se mostró reacio y añadió que, además de ser muy complicado, no era realmente necesario.

Jobs no quiso escucharla. «¡Los rectángulos con las esquinas redondeadas están por todas partes!», insistió, y se puso a citar los ejemplos que veía por la sala. A continuación se llevó a rastras al diseñador a dar una vuelta a la manzana y le indicó una señal de prohibido estacionar, rectangular con las esquinas redondeadas. Al ver aquello, el diseñador se rindió y añadió los ángulos «rectoredondos» a su repertorio.

A veces, los diseñadores le respondían, pero no con mucha fuerza. Chris Espinosa, cuyos comienzos se remontaban al garaje de los Jobs, se cansó de las interminables intromisiones de Steve en su diseño de una pequeña calculadora que formaría parte del escritorio de la computadora. Cada vez que Jobs la veía, la rechazaba: las líneas eran demasiado gruesas, el fondo demasiado oscuro o los botones del tamaño incorrecto.

Finalmente, Espinosa creó un programa que denominó «Set de construcción de calculadora Al-Gusto de Steve Jobs», que permitía a este ajustar todas las variables él mismo. Steve se sentó a probarlo un buen rato y por fin estableció sus preferencias. Aquel diseño sería la calculadora del Macintosh durante muchos años.

Con el trabajo más avanzado, la preocupación de Jobs se centró en que aquella computadora tan pequeña tardaba demasiado en arrancar. Presionó al equipo con un poco de matemáticas de distorsión de la realidad. Bajo el supuesto de que en el plazo de unos años cinco millones de personas estarían utilizando un Mac a diario —un cálculo increíble teniendo en cuenta que a lo largo de varios años solo se habían vendido unos miles de Apple II—, afirmó que un recorte de diez segundos ahorraría cincuenta millones de segundos al día. «En el transcurso de un año, eso equivaldría a docenas de veces el tiempo de toda una vida —les dijo. Se vino arriba y dio un salto especialmente grande—. Si pudieran hacer que el tiempo de arranque fuera diez segundos más rápido, salvarían una docena de vidas. Eso sí que merece la pena, ¿no les parece?».

El equipo consiguió reducir el tiempo de arranque.

En todos los casos, Steve buscaba algo que fuera más simple y más fácil de usar porque, tal y como decía su folleto, «la simplicidad es la máxima expresión de la sofisticación». Cuando te enfrentas por primera vez a un problema, parece fácil porque no sabes mucho de él, según decía, después «te metes en el problema y ves que en realidad es complicado, así que se te ocurre todo tipo de soluciones rebuscadas».

La mayoría se detiene ahí, pero la clave es seguir avanzando, decía, hasta que encuentras el «principio subyacente del problema y es entonces cuando el círculo se cierra con una solución bella y elegante que funciona». Basándose quizá en sus estudios zen, Steve Jobs se concentraba con la misma intensidad en qué excluir de un producto y en qué incluir en él.

Le dedicaba una especial atención al aspecto del Mac. Y se volvió a centrar en el estudio de los electrodomésticos, en especial del Cuisinart. En lugar de ser como una caja rectangular, hicieron el producto más alto y delgado de manera que ocupase menos espacio en el escritorio. Al contrario que en el caso del Apple II, el teclado era independiente.

Las versiones iniciales eran demasiado cuadradas para el gusto de Jobs. «Ha de ser más curvilíneo», insistía. Al fin, cuando aprobó el diseño, pidió a los principales miembros del equipo que pusieran su nombre en el molde. En un toque especial, sus firmas quedaron impresas en la parte interior de la carcasa. Aunque nadie llegara a verlo nunca, excepto los técnicos de Apple, aquellos artistas habían firmado su obra más importante.

El equipo contaría también con un nuevo tipo de disquetera, que utilizaba disquetes de 3,5 pulgadas (8,9 cm) protegidos por una carcasa de plástico duro que cabía en el bolsillo de la camisa, en lugar de los endebles y más grandes de antes. Aunque ya casi nadie los usa hoy día, la imagen de estos disquetes cuadrados de 3,5 pulgadas continúa utilizándose como el icono «guardar» en la mayoría de los programas. Al mismo tiempo, Jobs imponía unas decisiones cuestionables frente a las objeciones del equipo: para obligar al usuario a utilizar el mouse, eliminó del teclado las teclas con las flechas que mueven el cursor; aunque los discos duros instalados dentro de la computadora eran cada vez más comunes y tenían una capacidad de almacenamiento muy superior a la de los disquetes, Steve se negó a ponerle uno al Mac porque no quería verse obligado a añadir un ventilador ruidoso que lo refrigerara. Y aceptó un diseño que contaba únicamente con 128 kilobytes (o 128.000 bytes) de memoria, una cantidad exigua para una máquina con un nivel tan alto de detalle en la pantalla. En contraste, el Lisa había sido diseñado con una memoria diez veces superior. Jobs hizo caso omiso de la lección que Wozniak le había intentado enseñar al incluir ranuras de expansión en el Apple II, y convirtió el Macintosh en algo tan difícil de abrir que solo unos pocos *friquis* de la informática fueron capaces de descubrir cómo añadirle más memoria.

Al tiempo que dirigía implacable el equipo, Steve les creó la sensación de que ellos eran los que más trabajaban en Apple. Les mantenía un frigorífico lleno de jugos de frutas caros y pagaba masajes a los ingenieros que estaban cansados. Otros equipos llegaron a verlos como a un grupo arrogante y malacostumbrado.

En todo caso, conforme el Macintosh se acercaba más y más a ser una realidad, Apple necesitaba más que nunca que tuviera éxito. Por mucho que los diversos modelos de Apple II no fueran muy elogiados dentro de la compañía, eran estos los que tiraban de ella. Gracias a Markkula y a Jobs, el producto había llevado a cabo algunas incursiones en los institutos y entre los estudiantes universitarios y, así, había llevado la informática hasta la generación norteamericana más joven. Pero la industria estaba cambiando a gran velocidad.

En 1981, el gigante International Business Machines (IBM) se adentró por fin en el negocio de las computadoras de escritorio con su Personal Computer o PC, la computadora personal. La confianza de Apple en su dominio era tan arrogante que pagó un anuncio a toda página en el *Wall Street Journal* que decía: «Bienvenida, IBM. En serio. Bienvenida al mercado más emocionante y de mayor importancia desde que se inició la revolución de las computadoras hace 35 años...».

Dado que Apple tenía tal ventaja y que el IBM PC tampoco tenía nada de especial ni de divertido, el joven personal de Apple se mofó de él. Pero al centrar su mirada tan solo en la máquina, ignoraron la reputación estelar de IBM, su poderosa red comercial y el gigantesco peso que tenía entre los compradores del mundo empresarial. No entendieron que el responsable de compras del departamento técnico de una corporación se podría meter en un lío por comprar máquinas de un fabricante desconocido, pero a nadie le despedirían jamás por comprar un IBM.

Cierto, el producto no era genial, aunque sí lo bastante bueno, y las ventas de IBM iban creciendo más y más rápido conforme más y más empresas se iban subiendo al carro de su clientela.

Para asegurarse de que el Mac tuviera un software, Jobs viajó en 1981 a Seattle para reunirse con Bill Gates y Paul Allen, los jóvenes fundadores de la compañía de software Microsoft. Años atrás, esta empresa había escrito el primer programa BASIC para el Altair, y también había escrito la versión del BASIC que se ejecutaba entonces en el Apple II. Había creado el sistema operativo para los equipos de IBM, el software que le decía a la máquina lo que tenía que hacer y que creaba la base de programación sobre la que se asentaba todo lo demás.

Jobs preparó la reunión con la esperanza de convencer a Microsoft de que hiciera algo diferente: quería que la compañía creara un programa de hoja de cálculo para el Mac que lograra hacerlo útil para el sector empresarial, algo muy similar al empujón que VisiCalc había supuesto para el Apple II. Durante la reunión, Gates y él mantuvieron opiniones diametralmente opuestas acerca de hacia dónde se dirigía el negocio de las computadoras personales.

Según Steve Jobs, la computadora de escritorio era para intelectuales y estudiantes universitarios, para usuarios domésticos y una cierta mezcla de responsables intermedios y secretarias. Toda máquina tenía que convertirse en una herramienta especial y sorprendente que mejorara sus vidas. Sin embargo, Gates veía algo mucho más grande y mucho menos personal. Para él, esta era una herramienta que ayudaría a los negocios a funcionar mejor. Veía redes de equipos que trabajaban juntos para ayudar a las empresas a comunicarse, hacer cálculos y vender. A lo largo de los siguientes años, sería la visión de Gates la más cercana a la realidad, aunque fue la de Jobs la que prevaleció en Apple.

La entrada de IBM en el mercado, al igual que la adición de más software, memorias superiores y procesadores más rápidos, estimuló el interés en estos productos. En lugar de elegir a una persona como «hombre del año», la revista *Time* nombró a la computadora personal «máquina del año» en 1982, pero eso sí, describió a una única persona como la voz y el rostro de la revolución: Steve Jobs. «Con su dulce labia y su fe ciega —decía la revista—, es Steven Jobs, más que cualquier otra persona, quien ha abierto la puerta de par en par y ha dejado entrar a la computadora personal».

En el año fiscal que finalizaba en aquel mes de septiembre de 1982, Apple alcanzó un récord de ventas de setecientas mil unidades del Apple II, y, a pesar de sus problemas con el Apple III, logró unos ingresos de 583 millones de dólares, suficiente para entrar por vez primera en la lista Fortune 500 de las empresas estadounidenses más grandes tal y como Markkula había predicho años atrás.

Sin embargo, los buenos tiempos no durarían. En un plazo de dos años, IBM vendía ya más equipos que Apple, y las empresas de software sacaban más programas para el IBM PC que para Apple. Otros fabricantes de computadoras se apresuraron a comprar licencias del sistema operativo de Microsoft de manera que sus máquinas pudieran aprovecharse de todo el nuevo software para el IBM. No pasó mucho tiempo antes de que la mayoría de las computadoras de escritorio jugaran todos a lo mismo, es decir, a ejecutar el mismo software que el de IBM. Los que no lo hacían, como Apple, se enfrentaban a un futuro incierto.

Lisa, cuyo desarrollo había costado cerca de 50 millones de dólares, se presentó en 1983 a bombo y platillo. Era la primera computadora que utilizaba un mouse, ofrecía los menús y el sistema de archivos que habían hecho de la visita a Xerox algo tan sorprendente. Tenía memoria para parar un tren y dos unidades de disquete, amén de la cantidad de programas de gran facilidad de uso que venían incluidos. Mientras que el simple aprendizaje de la mayor parte del software de la época requería días de dedicación, el Lisa podía dominarse en un par de horas. Aun así, tanto extra había llegado a inflar el precio hasta los 10.000 dólares, y no había más software disponible por ningún lado. La comunidad tecnológica se quedó boquiabierta, pero la mayoría de los clientes potenciales no pudo siquiera empezar a justificar un precio tan elevado.

Mientras promocionaba el equipo recién presentado ante la prensa, Steve Jobs no pudo evitar que se le escapara alguna pista sobre el Macintosh, y el interés por el Lisa comenzó a enfriarse antes incluso de que este se pusiera a la venta, ya que la gente se enteró de que estaba en camino otro producto con capacidades similares pero a un precio mucho menor. Para empeorar las cosas, el software del Lisa no funcionaría en el Macintosh y, además de competir con IBM, parecía que una división de Apple estaba luchando contra la otra.

También estaban batallando contra Microsoft. A finales de 1983, antes de que el Mac se presentara de manera formal, Microsoft anunció que crearía un sistema operativo para IBM y sus clones al que llamaría Windows y que contaría con iconos, ventanas y un mouse, exactamente igual que el Mac. Gates había dado su palabra de que dejaría pasar un año desde la salida al mercado del Mac antes de comercializar «interfaces gráficas», pero claro, el lanzamiento del Mac iba casi con un año de retraso respecto de la fecha prevista, y Microsoft iba a toda máquina.

Jobs se quedó lívido y convocó a Gates a una reunión en sus oficinas centrales en Cupertino para cantarle las cuarenta delante de los directivos de Apple, sin embargo, no pudo conseguir que Gates perdiera la calma.

«Mira, Steve, a mí me parece que hay más de una forma de ver esto —dijo a Jobs y al resto de los presentes en la sala de reuniones—. Es más como si ambos tuviéramos a estos de Xerox de vecino rico, y que, al entrar yo en su casa a robarle la tele, me hubiera encontrado con que tú se las has robado ya».

La verdad es que a Microsoft le costaría años llegar a competir realmente con Apple, pero aquello no tranquilizó a Steve Jobs. Él seguía convencido de que iba a ser su criatura quien liderara en solitario la revolución tecnológica. El mismo mes del lanzamiento del Lisa, en un retiro, imploró al equipo del Mac que trabajara aún más duro por medio de una serie de eslóganes tan concisos como expresivos. «Los verdaderos artistas cumplen», les dijo, dando a entender que se habían acabado los retrasos en los plazos y que tenían que poner sus productos en el mercado. Y, escribió, «es mejor ser un pirata que alistarse en la marina», lo que venía a decir que las tecnologías de aquel grupo rebelde suyo eran mucho mejores que la oferta de cualquier otro.

El equipo se sintió motivado. Un par de integrantes del grupo hicieron una bandera pirata con su calavera, sus tibias y el colorido logotipo de Apple a modo de parche en el ojo, y la ondearon en el edificio del proyecto Macintosh. Lo habían dado todo de sí, pero ¿acabarían de verdad llevándose el botín?

«Manzanitas» para los profes

Desde prácticamente los inicios de la compañía, Apple puso de su parte para llevar las computadoras personales al sector de la enseñanza.

Cuando la hija de Mike Markkula estaba en primaria en 1978, él se convenció de que una computadora podría servirle de ayuda para aprender matemáticas. En tal convicción se inspiró la Apple Education Foundation, creada para hacer llegar dinero y equipos al profesorado y a quienes quisieran programar software educativo.

Fue una jugada inteligente, ya que, al haber más software educativo disponible para el Apple II, más instituciones de enseñanza preferían comprarlos frente a otras marcas, y muchos jóvenes recibieron su introducción a la informática en una computadora Apple. A continuación, ya que los chicos estaban más familiarizados con los productos desde el colegio, les pedían a sus padres que se los compraran.

A comienzos de los ochenta, Steve Jobs intentó convencer al Congreso de los Estados Unidos para que aprobara una ley que permitiera a Apple donar 100.000 computadoras a instituciones de enseñanza a cambio de una deducción de impuestos. Él la denominó la ley «Kids Can't Wait» («los niños no pueden esperar»), pero esta jamás salió del Senado. Sin embargo, el estado de California sí le tomó la palabra, y Apple acabó donando cerca de 10.000 equipos a las escuelas estatales.

La compañía trató de forjar el mismo tipo de fidelización entre el Macintosh y los estudiantes universitarios presionando a las universidades para que asignaran millones de dólares a la idea de llevar las computadoras personales a sus programas. En consecuencia, de nuevo, los equipos de Apple se convirtieron en los preferidos de los campus.

Aún hoy, Apple ofrece descuentos a los estudiantes universitarios y, en 2011, se encargó de que los 9.000 universitarios que forman parte del programa Teach for America recibieran un iPad restaurado cada uno.

John Sculley (derecha), con Jobs en 1984, un año antes de que se pelearan.

11

Sculley

Gracias a la imparable popularidad del Apple II, las ventas de la compañía continuaban creciendo; ahora bien, por Silicon Valley corría un chiste cada vez más popular: ¿en qué se diferencia Apple de los Boy Scouts?

La respuesta era que los Boy Scouts están supervisados por adultos.

Tras la salida de Mike Scott, Apple tenía la necesidad de un verdadero líder, alguien capaz de canalizar la energía y la pasión de Jobs y dar un buen uso a toda la creatividad juvenil e inteligencia de la compañía. En 1982, aquella búsqueda llevó a Steve Jobs y Mike Markkula hasta John Sculley, el enérgico líder de Pepsi-Cola. Con un marketing muy ingenioso y la campaña publicitaria Pepsi Challenge, Sculley había conseguido llamar la atención del país, en especial después de que las ventas de Pepsi en supermercados superaran brevemente a las de Coca-Cola. Era un hombre de marketing que sabía cómo vender a una generación más joven.

Jobs cortejó a Sculley durante meses, se reunió con él en Nueva York y también cuando este visitaba California. En un principio, Sculley no sabía mucho de Apple, pero en un viaje que hizo a Los Ángeles para ver a su hijo de diecisiete años y a su hija de diecinueve, se enteró enseguida de que estaba tratando con una compañía que estaba de moda. Pidió a sus hijos que la acompañaran a una tienda de computadoras y mencionó que estaba a punto de reunirse con Steve Jobs, el de Apple. Aunque sus hijos habían ido al colegio con los hijos de todo tipo de celebridades, le respondieron como si estuviera a punto de ir a ver a una primerísima estrella de rock. «¿Steve Jobs? —preguntó su hija—. ¿Vas a ver a Steve Jobs?».

Una y otra vez a lo largo de sus visitas, Sculley insistía en que era feliz viviendo en la costa este, donde se encontraba Pepsi. Pero cuando Steve Jobs hubo decidido que Sculley era el elegido, dirigió hacia él toda la fuerza de su encanto. Finalmente, y tras una larga visita un día en Nueva York, Jobs lanzó el desafío que haría cambiar de opinión a Sculley: «¿Te vas a pasar el resto de tu vida vendiendo agua con azúcar, o quieres tener la oportunidad de cambiar el mundo?».

A los cuarenta y cuatro años de edad, John Sculley se unió a Apple, en la primavera de 1983, con una nómina de 1 millón de dólares y la promesa de otro millón en bonificaciones.

Al principio, Jobs y él se llevaron maravillosamente bien, charlaban varias veces al día, daban largos paseos e incluso se finalizaban las frases mutuamente. Estaban tan unidos que una mañana, durante el desayuno en casa de Jobs, Steve les contó a Sculley y a su mujer por qué tenía tanta prisa. «Todos disponemos de un periodo muy corto sobre la Tierra —dijo Steve—. Es probable que solo dispongamos de la oportunidad de hacer unas pocas cosas geniales y de hacerlas realmente bien… Me da la sensación de que tengo que lograr muchas de esas cosas mientras aún soy joven».

Sculley veía en el entusiasmo y la dedicación de Jobs a su yo más joven.

«Estaba fascinado por su mentalidad y su visión, y por mi lugar en ella. Podía ayudar a Steve a convertirse en el Henry Ford de la era de las computadoras».

Jobs tenía varios ídolos, entre ellos Edwin Land, fundador de Polaroid, el inventor Thomas Edison y Henry Ford, que había tomado un producto caro —el coche— y había adoptado métodos de fabricación más eficientes para poder venderlo al gran público a un precio asequible. Jobs también quería un producto para el gran público, uno diseñado para el usuario, no para los expertos informáticos de los departamentos técnicos corporativos.

Para cumplir su sueño, quería ponerle al Macintosh un precio de 2.000 dólares. Pero también quería un presupuesto publicitario enorme, y Sculley le dijo que no podía tener ambas cosas a la vez: si pensaba gastarse tanto dinero en marketing, había que repercutirlo en el precio. Convenció finalmente a Steve de que habría que vender el Macintosh a 2.495 dólares, un precio demasiado alto en opinión de Jobs. A pesar del desacuerdo, Sculley respaldó la campaña publicitaria masiva de cara al lanzamiento de la nueva computadora. Se encargó la realización de un anuncio de televisión especial, raro y extravagante como él solo. A ambos les encantó, pero cuando se lo mostraron al consejo de administración de Apple, a todos sus miembros les pareció horrible. La compañía había pagado 750.000 dólares por el anuncio, filmado por el director de *Blade Runner,* Ridley Scott, y además se había comprometido a gastar unos 800.000 dólares en emitirlo durante el Super Bowl. En aquel momento parecía una estupidez.

La pareja pidió a la agencia que vendiera el tiempo de publicidad a otro anunciante, pero cuando esta regresó para decirles que no había sido capaz de conseguir un buen precio, Apple decidió seguir adelante con el anuncio.

Durante el tercer cuarto de la aplastante victoria de Los Angeles Raiders sobre los Washington Redskins en aquel Super Bowl Sunday, las televisiones a lo largo y ancho de los Estados Unidos se quedaron en negro antes de que unas filas de hombres calvos vestidos con ropas muy holgadas marcharan con paso monótono hacia una sala y tomaran asiento en unos bancos de madera. Con el rostro inexpresivo, miraban a una pantalla donde un Gran Hermano en plan Mago de Oz los aleccionaba (una referencia no demasiado sutil a IBM). Un corte llevaba la cámara sobre una mujer rubia que vestía unos pantalones cortos rojos y una camiseta con el Macintosh, y entraba en la sala corriendo y con un mazo entre las manos. De repente se detenía, ondeaba el mazo y lo lanzaba dando vueltas hacia la pantalla, que explotaba en un estallido de luz.

El anuncio de Apple «1984» emitido durante la Super Bowl, mostraba a una mujer con el logotipo de Apple que atravesaba corriendo unas filas de hombres de negocios: iba a hacer estallar una gran pantalla con el rostro del Gran Hermano. El anunció ganó cuatro premios y está considerado como uno de los mejores de todos los tiempos.

«El 24 de enero, Apple Computer presentará el Macintosh —dice la voz de un narrador. A continuación, en referencia al clásico de George Orwell, añade—: Entonces entenderá por qué 1984 no va a ser como *1984*».

El anuncio daba escalofríos, era raro y completamente hipnótico; y para muchos de entre los cien millones de espectadores que lo vieron, fue lo mejor del partido.

Pocos días después, Steve Jobs hizo la presentación formal ante los accionistas de Apple, en su reunión anual. Introdujo la máquina como parte de una disputa entre Apple e IBM, puso al público en situación al mostrar de nuevo el anuncio y, enseguida, como el *showman* en que se había con-

Jobs posa en su casa, en 1984, con su amado Macintosh.

vertido, extrajo un Macintosh de una bolsa tirando del asa pequeña de la parte superior de la carcasa —descrita entre sus características especiales— y extrajo un disquete del bolsillo de su camisa. Al leer el disquete, el Mac comenzó a mostrar sus habilidades: tipografías, gráficos, juegos y dibujos. Finalmente, Steve presionó un botón del mouse y, en una voz cibernética, el equipo comenzó a hablar: «Hola, soy Macintosh. Qué maravilloso es haber salido a la luz...».

La gente se puso como loca.

En el transcurso de las siguientes semanas, Steve Jobs mismo entregaría un Macintosh a Mick Jagger (que en realidad se lo dio a su hija) y otro a Sean Lennon, el joven hijo de Yoko Ono y el difunto John Lennon, además de entregar otros a otras celebridades. Una gran cantidad de periodistas había escrito ya breves avances y llenaba revistas y periódicos con las deslumbrantes noticias. La máquina voló de las tiendas, y se vendieron cerca de setenta mil en apenas cien días, unos números mejores que las ventas iniciales del IBM PC.

La locura no duró mucho. Tras el primer arrebato, las ventas comenzaron a descender. Apple esperaba vender unas ciento cincuenta mil unidades en el periodo navideño de 1985, pero se quedó en las cien mil. Y la caída de las ventas se acentuó.

Todas aquellas limitaciones que Jobs había impuesto en la máquina —la memoria pírrica y la carencia de ranuras de expansión, teclas de cursor y un disco duro— estaban desalentando a los compradores. El que la memoria fuera tan poca era un problema grave. Un empleado de Apple lo comparaba con hacer correr una Honda con un depósito de gasolina de un litro. Dado que la computadora usaba la mayor parte de la memoria para las actividades que tenían lugar en la pantalla, el procesador de textos no podía trabajar con archivos de más de ocho páginas, algo apenas suficiente para un capítulo de un documento. Y como tenía tendencia al sobrecalentamiento, algunos críticos llamaron al Mac la «tostadora beige».

Peor aún, a comienzos de 1985, Apple volvió a la carga con otro anuncio carísimo en el Super Bowl, en el que se mostraba a los usuarios corporativos como si fueran «lemmings» que iban en fila, unos detrás de otros, y se arrojaban por un precipicio. El anuncio fue interpretado como un insulto a la gran mayoría de la gente que compraba computadoras personales y dejó un sabor de boca bastante amargo.

En ese mismo inicio del 85, Steve cumplió los treinta y organizó una cena y un baile para trescientas personas, con la actuación estelar de la cantante Ella Fitzgerald. Sus invitados le hicieron toda clase de regalos especiales —buenos vinos, figuras de cristal, un ejemplar de la primera edición de un libro e incluso una acción de IBM enmarcada en un cuadro—, pero los dejó todos olvidados en la habitación de un hotel. Aquellos objetos materiales no le interesaban demasiado.

Por aquella época, concedió una larga entrevista a una publicación. Las acciones de Apple, que habían alcanzado un valor máximo de 63,50 dólares por acción a mediados de 1983, durante la época de entusiasmo con el Lisa, se habían hundido, y el valor de la participación de Jobs había sufrido una caída de más de 200 millones de dólares, desde un máximo superior a los 450 millones. Se carcajeaba de una pérdida tan enorme: «No es en absoluto ni lo que más valoro ni lo más revelador que me ha pasado en los últimos diez años», decía.

Había estado meditando sobre un viejo proverbio hindú: «Durante los primeros treinta años de tu vida, moldeas tus hábitos; durante los últimos treinta años de tu vida, tus hábitos te moldean a ti», y reflexionaba acerca de Apple, casi como si estuviera haciendo una predicción de los importantes cambios que le aguardaban: «Espero que, a lo largo de mi existencia, mi vida y la de Apple sean como dos hilos que se entretejen el uno en el otro, se unen y se separan, como en un tapiz. Puede que haya unos años en los que yo no esté allí, pero siempre regresaré».

Su viejo amigo Steve Wozniak lo había hecho tras conseguir su título: había regresado a Apple en 1983 para trabajar en las mejoras del Apple II, aunque en febrero de 1985 volvió a marcharse aduciendo que quería dedicarse al desarrollo de un nuevo tipo de mando a distancia. Le contrariaba que la compañía de la que él era cofundador hiciera, en líneas generales, caso omiso del Apple II y se centrara una y otra vez en los productos más novedosos de la familia, cuando eran los diferentes modelos del Apple II los que generaban la mayor parte de los ingresos. Woz confesó también que había vendido la mayoría de sus acciones de la compañía y había colocado 70 millones de dólares en inversiones sin riesgo.

Aun así, no se marchaba del todo, permanecería en calidad de consultor con una modesta iguala, al parecer de 12.000 dólares, y seguiría siendo uno de los rostros de Apple de cara al público.

En marzo de 1985, el presidente Ronald Reagan concedió a Wozniak y a Jobs, junto a otros pocos, el honor de recibir la primera Medalla Nacional de Tecnología e Innovación. Dado que Wozniak acababa de abandonar la empresa, Apple no envió representantes ni organizó una celebración. Tras la ceremonia, los dos Steves se detuvieron a tomar algo en una cafetería.

Sculley estaba también hasta arriba de trabajo: Apple no podía permitirse el lujo de que el Mac fuera un fracaso, sería como un tercer *strike* en béisbol tras el fiasco del Apple III y los pobres resultados del Lisa, que había vendido menos de la mitad de lo esperado.

En plena agitación, Jobs y Sculley comenzaron a discutir y a echarse las culpas el uno al otro. Sculley se dio cuenta de que también él había caído bajo el influjo del campo de distorsión de la realidad de Steve Jobs, y llegó a la conclusión de que Jobs se entrometía demasiado en otras actividades de la empresa, daba demasiadas órdenes, cambiaba los planes y no estaba llevando a cabo las modificaciones del Macintosh que eran tan profundamente necesarias. Jobs puso en tela de juicio la capacitación de Sculley, y que este llegara a entender de verdad el sector tecnológico o informático.

En una reunión del consejo en abril de 1985, los ejecutivos más antiguos hicieron salir a Sculley a la palestra. Lo habían contratado como consejero delegado, y era él quien tenía que tomar las riendas, no compartirlas con Jobs. Cuando le dijeron que Jobs se estaba comportando «como un niñato malcriado», le dejaron claro que Steve sería sustituido por alguien con más experiencia al frente del recién fusionado departamento que se encargaba del Mac y del Lisa. El consejo de administración, incluido Mike Markkula, otorgó a Sculley plena libertad para llevar a cabo los cambios cuando estuviera preparado.

A lo largo de toda su infancia, su adolescencia y su vida adulta hasta la fecha, Jobs no había sido capaz de aceptar la palabra *no,* y seguía sin poder aceptarla. Presionó a Sculley para lograr un aplazamiento de la decisión. Lloró, recriminó y se sintió traicionado. Llamó «bozo» a Sculley —una de sus palabras favoritas para calificar a quienes creía unos idiotas o unos estúpidos— e incluso llegó a intentar un golpe de Estado reuniendo a otros ejecutivos y miembros del consejo de administración para desbancar a Sculley. No le funcionó nada.

Durante un tiempo, Sculley trató de convencerle de que liderara los esfuerzos de Apple en investigación y desarrollo, pero Steve rechazó la idea. A comienzos del verano, Sculley destituyó a Jobs como responsable del departamento del Macintosh y le dijo que su nuevo rol sería el de «visionario global». El despacho de Steve fue trasladado a un edificio que en su mayor parte estaba desocupado: Steve lo llamó «Siberia».

Un mes más tarde, Sculley dijo a los analistas de Wall Street que «desde un punto de vista operativo, no hay un papel hoy ni lo habrá en el futuro para Steve Jobs —y añadió—: No sé lo que va a hacer. No creo que él mismo lo sepa. Solo el tiempo y Steve Jobs dirán».

Steve se sintió profundamente dolido, como si le hubieran dado un puñetazo tan fuerte en el estómago que no fuera capaz de respirar. Apple había sido el único centro de atención de su vida adulta, y, cuanto más intentaba recobrar el aliento, más le costaba.

«Si intentaba pensar en qué iba a hacer, en solucionar mi vida u otras cosas por el estilo, era exactamente igual que intentar respirar con más ansias», diría Steve.

Durante gran parte del verano, Jobs se dedicó a viajar por Europa, Rusia, como embajador de Apple, e incluso llegó a valorar la posibilidad de quedarse en Europa como un artista expatriado.

Consideró también el meterse en política, pero ni siquiera había ejercido nunca el derecho a voto, y ese era un serio inconveniente.

Tenía treinta años, era millonario y había fracasado en la compañía de la que era cofundador. No sabía qué hacer.

Ídolos

Steve tuvo varios ídolos, empezando por el brillante científico Albert Einstein, cuya fotografía colgaba de la pared de su dormitorio prácticamente sin amueblar.

También sentía un enorme respeto por Akio Morita, cofundador de Sony, el gigante de la electrónica de consumo, un individuo con un elevado nivel de exigencia y un verdadero aprecio por la belleza. Cuando Morita falleció en 1999, Steve Jobs le dedicó el cumplido más elevado del que era capaz al decir de él que «expresó su amor por el ser humano en todos los productos que hizo».

A continuación vendría Edwin Land, un hombre que tras abandonar los estudios universitarios en Harvard levantó la Polaroid Corporation después de inventar un sistema de cámara capaz de tomar y revelar las fotografías casi al instante. Jobs lo llamó «un tesoro nacional».

En 1980, Land fue expulsado de Polaroid tras el intento de desarrollar un sistema de video instantáneo que no pudo competir con las grabaciones en videocasete; la compañía tuvo que dar por perdida su enorme inversión. A Steve le resultó molesto aquello: «Todo lo que hizo fue dilapidar unos tristes millones de nada, y van y le arrebatan su propia compañía», dijo.

Unos pocos años más tarde, Jobs y Sculley fueron a ver a Land a su laboratorio de Cambridge, y este les explicó su invención: «Era capaz de ver cómo tenía que ser la cámara Polaroid. Para mí era tan real como si la tuviera delante incluso antes de haber fabricado una».

Aquello le impactó a Steve de lleno: «Exactamente así es como yo veía el Macintosh —dijo—. No había forma de hacer ninguna investigación de mercado sobre él, así que tuve que ir y hacerlo, y después enseñárselo a la gente».

Más impresionante aún para Jobs, Land era al tiempo un artista y un científico, y deseaba que su compañía «se moviera en la intersección del arte y la ciencia, y eso no se me ha olvidado jamás», diría Steve.

Segunda parte

«Los verdaderos artistas cumplen»

Tras abandonar Apple, Jobs creó una nueva compañía
llamada NeXT.

12

Y ahora, NeXT

La primera historia que contó Steve a la promoción de Stanford de 2005 consistía en unir los puntos, o más bien en dejar que los puntos se conectaran solos.

Su segunda historia, dijo, «trata del amor y la pérdida».

«Fui afortunado: encontré muy pronto en la vida lo que me encantaba hacer», aseguró al recordar cómo Wozniak y él habían puesto Apple en marcha en el garaje de los Jobs.

Disfrutó de la alegría de ayudar a Apple a crecer hasta unas ventas de casi 2.000 millones de dólares y más de cuatro mil empleados en diez años. El Macintosh marcó un hito en el mundo de las computadoras justo cuando el niño prodigio de la tecnología cumplía los treinta años.

«Entonces —dijo— me despidieron».

Fue una experiencia desconcertante. Contó que había contratado a un ejecutivo con talento, pero que un año después, «nuestras visiones de futuro comenzaron a divergir y acabamos peleándonos». (Esta fue una versión más suave de lo habitual, pues lo común era que localizara el origen de todos los problemas en Sculley, como dijo en 1995: «Contraté al tipo que no debía, y él destruyó todo aquello por lo que me había pasado diez años trabajando».)

Sin Apple, Steve se sentía aturdido, se había venido abajo y no sabía qué hacer a continuación. Pero entonces, contaba, «empecé a ver algo con claridad, lentamente: lo que hacía me seguía encantando».

Aun sin Apple, podía entregarse a su visión y su pasión. Aún podía intentar crear otro gran producto, así que decidió montar otra empresa.

La verdad sea dicha, Steve no hizo las cosas del todo bien en lo referente a su vuelta a empezar. Aún era el presidente de Apple, llegó a la conclusión de que podría haber mercado para unas máquinas muy potentes dirigidas a universidades, en especial a científicos que necesitaran disponer de la capacidad de llevar a cabo simulaciones en una investigación, y decidió partir de cero con una compañía nueva.

En un principio, el consejo de administración de Apple se mostró abierto a que lo hiciera, e incluso se planteó la posibilidad de hacer una inversión, pero unos días después, el consejo se enteró de que Jobs había reclutado a varios ingenieros y comerciales de primera línea que se irían con él. Su respuesta se convirtió en ira, se sintieron engañados.

En pleno tumulto, Steve renunció en septiembre de 1985, con una carta que decía: «La reciente reorganización de la empresa me ha dejado sin nada que hacer y sin acceso siquiera a los simples informes de gestión. No tengo más que treinta años y aún me quedan cosas que aportar y que lograr».

La respuesta de Apple fue demandar a Jobs y acusarle de llevarse secretos comerciales consigo, una demanda que se zanjaría meses después con un acuerdo en virtud del cual Steve accedía a centrarse en un mercado distinto al de Apple.

La respuesta de Jobs fue vender su participación cercana al 10 por ciento de Apple en el transcurso de unos meses, y, aunque el valor por acción había caído a los 18 dólares, muy por debajo de aquel máximo histórico superior a los 60, recogió algo más de 100 millones de dólares. Conservó una acción, y así pudo seguir asistiendo a la junta general de accionistas.

En 1987, Apple daría un vuelco gracias a las semillas plantadas por Steve Jobs. Así como VisiCalc le había otorgado un sentido al Apple II, un software nuevo, una mejora de memoria y la impresora láser presentada justo antes de la marcha de Jobs resaltarían las tipografías y otras capacidades del Mac y lo convertirían en la maravilla de la autoedición. De la noche a la mañana, los autores de boletines informativos, las oficinas de relaciones públicas de las empresas e incluso madres de familia podían dar un aspecto profesional a sus documentos y presentaciones desde su propia mesa. El mundo empresarial, junto con el atractivo del Mac para los usuarios individuales, abriría un hueco de mercado lo suficientemente grande para que Apple continuara expandiéndose durante unos años, aun cuando los equipos de IBM y sus clones acapararan una porción cada vez mayor de un mercado en expansión como el de las computadoras personales. En 1993, las ventas de Apple alcanzarían los 8.000 millones bajo el mando de Sculley.

Una vez cortadas las ataduras de Apple, en 1986, Steve Jobs puso su dinero en dos compañías. Realizó una inversión inicial de 7 millones de dólares en la nueva compañía que había creado, llamada Next, y gastó 5 millones en comprarle a George Lucas, creador de *La guerra de las galaxias,* una pequeña empresa dedicada a la fabricación de equipamiento de gráficos por computadora llamada Pixar. El cineasta accedió a invertir otros 5 millones en el negocio.

Al igual que a Steve Jobs, durante los próximos años, a ambas compañías les costaría hallar su lugar en el universo.

En esta ocasión no había supervisión adulta. Sin alguien como Mike Markkula o John Sculley que vigilaran en Next, Jobs tenía plena libertad para hacer lo que quisiera, cuando quisiera. Uno de sus primeros pasos fue el logotipo perfecto. Después de que cuatro diseñadores no dieran la talla, Jobs aceptó pagar la escandalosa suma de 100.000 dólares a Paul Rand, quien había diseñado los logotipos de la cadena de televisión ABC y de IBM. Rand le dijo que recibiría un único logotipo, y no más. Dado que Jobs planeaba fabricar un equipo con forma cúbica, Rand le ofreció un logo con forma de cubo y una tipografía en varios colores, con la letra «e» minúscula que, según comentó a Jobs, podría significar «educación, excelencia, experiencia, excepcional, emoción, e=mc²».

A Steve le encantó. A partir de entonces, la empresa pasaría a conocerse como NeXT.

Por el momento, al menos, Jobs había descubierto lo que le daba sentido a su vida, y era el trabajo: «No el trabajo a secas, sino el trabajo ininterrumpido, el trabajo como si se fuera a morir mañana», escribía el periodista Joe Nocera en un artículo de la revista *Esquire* de 1986. «Hay que tener una visión de túnel con una determinación enorme si se quiere lograr algo significativo —dijo Jobs, y añadió que creía llevar dentro de sí más productos geniales—. Si soy capaz de crear el tipo de empresa de la que nos creo capaces, eso me proporcionará un placer extremo».

NeXT recibiría un gran impulso el año siguiente, cuando el multimillonario tejano H. Ross Perot vio a Steve Jobs en un programa de la televisión pública y llamó al joven para hablar de una inversión en su nuevo proyecto. Aunque se estaba quedando sin su propio dinero y estaba desesperado por conseguir inversores, Steve Jobs jugó al despiste, y Perot acabó pagando unos 20 millones de dólares por el 16 por ciento de la empresa recién creada. Jobs puso otros 5 millones, y las universidades de Stanford y Carnegie Mellon consiguieron juntas hacerse con un 1 por ciento de la compañía.

Tal y como había hecho en Apple, Jobs se obsesionaba con muchos detalles, pero esta vez se encontraba en una misión especial.

«Una parte de Steve quería demostrar a todo el mundo y a sí mismo que Apple no había sido cuestión de suerte», dijo Andrea Cunningham, antaño publicista en NeXT. Steve insistió en el diseño cúbico por mucho que eso no fuera demasiado lógico hablando de placas de circuitos. Deseaba que el producto tuviera un acabado negro impresionante, incluso por dentro. Si aparecía una línea fina en una carcasa, viajaba hasta Chicago para discutirlo con el tornero que había elaborado el molde. Hasta la fábrica había de ser perfecta, con las paredes blancas y las máquinas pintadas en los colores que él había elegido. Una escalera muy elegante y personal, al estilo de las que hoy a menudo vemos en las tiendas de Apple, adornaba la fábrica y también las oficinas centrales corporativas, especialmente diseñadas.

Igual que en Apple, Steve Jobs continuaba intimidando y siendo exigente, le costaba poco gritar a sus diseñadores e ingenieros o criticar su trabajo de manera hiriente. Los empleados le contaron al *New York Times* la regla de las «tres veces»: la primera vez que Jobs escuchaba una idea que no le gustaba, lo que hacía era «reprender al empleado molesto y decía de la idea o producto que era una inutilidad mental», la segunda vez le gustaba más, y «la tercera, decía que era una genialidad demencial».

Aunque había prometido que la máquina costaría en torno a los 3.000 dólares, una cantidad muy cercana al tope de lo que pagarían estudiantes y universidades, el precio comenzó a inflarse conforme se fueron añadiendo discos ópticos que se podían leer y reescribir, algo similar a las grabadoras de CD; cantidades ingentes de memoria y almacenamiento de datos, entre otras características. La computadora incluiría también un software único que convertiría la programación en algo similar a jugar con un juego de construcciones LEGO, mucho más simple que verse obligado a crearlo todo partiendo de cero.

Nunca fue de los que preguntan a los clientes qué prefieren. Uno de sus ídolos, Henry Ford, dijo en una famosa ocasión que los clientes podían comprar su coche Modelo T en el color que quisieran... siempre que fuera negro. En este caso, Jobs jamás estableció con certeza quién querría (o utilizaría) estas máquinas tan potentes, para empezar.

En un principio, se suponía que el equipo saldría al mercado en 1987, pero el plazo se alargaba una y otra vez. En Silicon Valley, la gente en tono de broma decía que a NeXT («próximo», «siguiente») le cambiarían el nombre por «Eventually» («eventualmente», «con el paso del tiempo»).

Y, finalmente, el lanzamiento se hizo de manera oficial en octubre de 1988, en un deslumbrante acto ante tres mil asistentes entre educadores, desarrolladores de software, amigos y periodistas en el Symphony Hall de San Francisco. Jobs hizo una demostración de los gráficos tan logrados de la máquina, una memoria de almacenaje gigantesca que traía las obras completas de Shakespeare ya instaladas, y la capacidad de reproducir música. El acto se cerró con una pieza de Bach tocada a dúo entre la computadora y un concertista de violín.

Cuando un periodista preguntó acerca del retraso de la máquina, Steve ni se inmutó. No venía «con retraso», dijo él, sino que iba «con cinco años de adelanto sobre su tiempo».

No obstante, y al igual que en el caso del Macintosh, había problemas notables. El equipo costaba en aquel momento 6.500 dólares, pero con la impresora láser y los demás extras necesarios, su precio se acercaba mucho a los 10.000, demasiado caro para la mayoría de los compradores. El software que movía aquellas máquinas no estaba listo aún, y seguiría sin estarlo durante unos meses. Además, este tampoco sería compatible con ningún otro software existente ya en el mercado, así que las aplicaciones extras disponibles serían poquísimas. El monitor era solo en blanco y negro en vez de en color, y Steve se negó a ponerle una unidad de disquetes a aquella caja tan hermosa, algo que hubiera facilitado a los usuarios el intercambio de datos.

En un momento dado, su personal llegó a rebelarse contra tal decisión. Cuando un empleado cuestionó la carencia de la unidad de disquetes durante una reunión, Jobs insistió en que al ordenador no le hacía falta, pero otro empleado saltó y discutió con él, ante lo cual, el resto de los presentes en la sala entonó un grito de guerra con alguna que otra palabra malsonante: «¡Queremos los **** disquetes! ¡Queremos los **** disquetes!».

Steve solo accedió a incluir la disquetera en un modelo posterior. Aun así, la compañía japonesa Canon había quedado lo bastante impresionada como para invertir 100 millones de dólares en 1989 por un 16,7 por ciento de NeXT, lo cual supuso una importante inyección de capital mientras la empresa de Jobs intentaba desarrollar sus productos. Para entonces, sin embargo, eran muchas las cosas que habían cambiado en la docena de años transcurridos desde la presentación del Apple II. Mientras que todos los jugadores de aquellos primeros tiempos eran unos recién llegados que se disputaban la atención, ahora había gran cantidad de fabricantes de primera línea con abundantes recursos financieros como para entregar a los educadores unas máquinas que les resultaban tentadoras, de modo que así compraran más. Como recién llegada, NeXT se enfrentaba a una competencia significativa.

Aunque NeXT aún tenía que despegar, en 1989 la revista *Inc.* nombró a Steve Jobs «empresario de la década» por su papel a la hora de poner en marcha y dar forma a la revolución del ordenador personal. Pero aquel toque mágico suyo no llegaría a alcanzar al ordenador nuevo: a pesar de todos los cuidados y atenciones volcados en la compañía, NeXT recibiría tan solo unas mil peticiones de ordenadores en 1989. En repetidas ocasiones, Jobs anunciaría que NeXT traía al mundo un gran avance, pero los compradores no le siguieron, y NeXT ni se acercaba a la posibilidad de lograr beneficios, algo imprescindible para una compañía que quiere prosperar y crecer.

En una reunión del consejo directivo en 1991, los responsables de la compañía comunicaron más malas noticias referentes a los pobres resultados. El inversor Ross Perot interrumpió el acto con una intervención categórica: «Entonces, lo que nos está contando usted es que la cabina del piloto está en llamas y que el avión ha entrado en barrena. Bien, ahora cuénteme algo que no sepamos ya».

El motor de NeXT ni siquiera llegaba a petardear, y sin embargo la opinión que los clientes tenían de su software es que era sobresaliente. Con el comienzo de la década, el mensaje constante que el comprador enviaba a Jobs era que dejara a un lado las computadoras y se centrara en vender sus programas, pero al haber crecido dedicándose a perfeccionarlas, la posibilidad de abandonarlas le resultaba insoportable.

Aun así, hacia 1992 solo se había vendido un total de unos cincuenta mil NeXT, más o menos lo que Apple vendía en una semana por entonces.

A Pixar no le iba mucho mejor.

El director de cine George Lucas, inmerso en pleno proceso de divorcio, quería en un principio una cantidad mucho mayor por la compañía, pero acordó con Jobs aquel precio de liquidación después de que se esfumaran otros posibles compradores. El potencial que tenía había atraído la imaginación de Steve.

Gracias a películas como *La guerra de las galaxias,* los cineastas se lanzaban a intentar unos efectos especiales cada vez más sofisticados, aun cuando hacerlos sin computadoras resultaba casi tan complicado como convertirse en un caballero Jedi. En algunas situaciones, Lucas tenía que ensamblar trece elementos cinematográficos distintos en cada fotograma, según contaba Jobs en una entrevista. Los fondos de la imagen podían suponer varios de aquellos elementos; las maquetas fijas, otros pocos más, sobre los cuales había que añadir el rodaje de los actores y los efectos especiales. Cada vez que se combinaba un fotograma con otro, la imagen nueva iba añadiendo interferencias, desenfoque u otras imperfecciones. Si te detenías en un fotograma cualquiera de una de las cintas antiguas de *La guerra de las galaxias,* decía Jobs, veías que «están realmente mal, con una cantidad increíble de suciedad en la imagen, una calidad muy baja».

La combinación digital de las imágenes haría que los fotogramas resplandecieran, pero no había tecnología con la potencia suficiente para conseguirlo. Pixar, formada a base de expertos informáticos que adoraban la animación, había creado un sofisticado equipo de 125.000 dólares que podría ser una ayuda, y la compañía había albergado la esperanza no solo de empezar a realizar grandes películas de animación, sino también de hallar nuevas aplicaciones en el campo de las imágenes tridimensionales para la medicina, el trazado de mapas detallados y otras áreas.

A lo largo de varios años, Jobs permitió que la compañía sumara deudas de 50 millones de dólares, para lo cual él mismo aportó su garantía personal, pero nunca fue capaz de dar con la magia en forma de computadora.

Mientras centraba la mayor parte de su atención en NeXT, Steve Jobs dejó que fueran los ejecutivos de Pixar quienes dirigieran la compañía; aun así, se reunía con ellos con regularidad y tomaba las decisiones clave. La gente de NeXT se refería a Pixar en tono despectivo como «el hobby».

Para empezar a recaudar algún ingreso, Jobs abrió delegaciones comerciales de Pixar en varias ciudades. Aunque el precio de su computadora había descendido hasta los 50.000 dólares y se desarrolló un modelo aún más barato, no interesaba a los compradores. El cliente más grande era la Walt Disney Company, que pensó que le serviría para recortar costos y acelerar el proceso de producción de sus películas de animación al escanear las imágenes dibujadas a mano y utilizar las computadoras para añadirles color y las capas de los fondos. La primera prueba se llevó a cabo en la escena final de *La sirenita*. Después de aquello, Disney compró varias decenas de equipos y los utilizó en *Los rescatadores en Cangurolandia*, *La bella y la bestia* y *El rey león*, entre otras.

Aunque aquellas máquinas suponían un gran avance para Disney, había en camino otras estaciones de trabajo genéricas y de gran capacidad que podrían llegar a realizar las mismas tareas si se equipaban con el software apropiado. Al darse cuenta de que sus equipos, simplemente, no se estaban vendiendo, Jobs cerró las delegaciones comerciales y, en 1990, vendió el departamento de hardware de Pixar.

A continuación, intentó desarrollar el ingenioso software 3D de Pixar y convertirlo en algo dirigido a un mercado más amplio, algo que permitiera al usuario crear imágenes tridimensionales y dotarlas de realismo, pero el uso de aquel software nunca resultó sencillo, ni siquiera para los expertos, y la idea tampoco alcanzó una gran demanda. Cerró aquel intento en 1991 y treinta de los setenta y dos empleados de Pixar, incluido el director de la compañía, se quedaron sin trabajo. En una decisión particularmente fría, se negó a dar a los empleados dos semanas de aviso previo o a pagarles una indemnización, y los mandó a casa en el acto sin un centavo adicional.

A Pixar solo le quedaba un negocio posible: la animación. La empresa la había creado gente que siempre había adorado los dibujos animados y que se moría de ganas de hacer largometrajes de animación por computadora. Antes de que Jobs comprara la compañía, los fundadores Ed Catmull y Alvy Ray Smith se habían hecho con los servicios de John Lasseter, un joven y talentoso animador que la Disney había desocupado. Para mostrar la capacidad de los equipos y el software de Pixar, Lasseter había realizado una serie de cortometrajes tan sorprendentes como entretenidos: un corto titulado *Luxo Jr.,* que presentaba un flexo de escritorio animado y recibió una nominación a los premios de la Academia, y *Tin Toy,* estrenada en 1988, que ganó el Oscar en la categoría de cortometrajes de animación.

Jobs estuvo muy cerca de poner fin también al departamento de animación en varias ocasiones, pero Catmull lo convenció de que no lo hiciera. Finalmente, Pixar halló un modo de ingresar dinero: comenzó a hacer una serie de anuncios publicitarios animados muy divertidos para los enjuagues bucales de Listerine, los caramelos Life Savers y los chicles Trident. Después de que Steve Jobs cerrara el proyecto de software, los anuncios publicitarios y el resto del software profesional eran prácticamente todos los puntos que Pixar tenía a su favor, y con eso tampoco podía llegar muy lejos.

Para mantener el negocio a flote, Jobs impuso en la práctica un acuerdo con sus ejecutivos y empleados de Pixar en 1991. Él seguiría aportando fondos a la compañía, pero lo haría solo en el caso de que ellos renunciasen a cualquier participación accionarial que tuviesen en la empresa y a cualquier opción que tuvieran de adquirirla en el futuro, sacrificando así su única posibilidad de obtener algún beneficio extraordinario por tantos años de trabajo duro.

Como accionista mayoritario, Steve Jobs podía imponer las reglas, y los empleados y directivos de Pixar renunciaron a su pequeño porcentaje de acciones de la compañía.

Sería justo reconocer, diría Alvy Ray Smith más tarde, que Pixar, igual que NeXT, «se debería haber hundido, pero me dio la sensación de que Steve no estaba dispuesto a sufrir una derrota».

Había un único rayo de esperanza. La gigantesca Walt Disney Company había puesto el ojo en el trabajo de John Lasseter, y estaba interesada en financiar un largometraje de animación que haría Pixar. Lasseter ya tenía la idea en mente: la historia de unos juguetes que anhelaban que los niños jugaran con ellos. Muy al caso, la tituló *Toy Story*. ¿Cabría la posibilidad de un final feliz, quizá, en pleno naufragio de dos compañías fracasadas?

Gracias NeXT por la red de redes

Tim Berners-Lee era un físico de treinta y cinco años que trabajaba en el CERN, la Organización Europea para la Investigación Nuclear en Ginebra (Suiza), cuando en 1990 recibió una computadora NeXT para un proyecto especial.

El resultado: la World Wide Web, la red de redes, lo que hoy conocemos como Internet.

Berners-Lee solicitó al laboratorio 50.000 dólares en equipamiento y unos pocos programadores para ver si era capaz de enlazar ideas, conectar computadoras y hacer que el software fuera accesible de forma gratuita. Utilizando el NeXT, compuso un sistema de codificación llamado HTML (Lenguaje de Marcado de Hiper-Texto), que utilizaba etiquetas para permitir que las páginas se desplegaran de manera correcta. Otorgó a cada página web una dirección única o URL (Localizador de Recursos Uniforme). Después creó el conjunto de reglas que permitía que la información se transfiriera y compartiera, llamado HTTP (Protocolo de Transferencia de HiperTexto), y generó el primer navegador con el que los usuarios podían ver los resultados de la misma forma.

Todo se llevó a cabo con un NeXT que llegó con una cuenta de e-mail lista para ser utilizada y un mensaje de audio de bienvenida de Steve Jobs, que decía que la computadora no consistía en la informática personal, sino en la «informática "interpersonal"».

Berners-Lee afirmó que el software que venía con el NeXT hizo que su trabajo de programación resultara «considerablemente fácil». Empezó a trabajar en octubre de 1990, lo estrenó en el laboratorio en diciembre, y se lo entregó al mundo en el verano de 1991. Lo afinó durante los dos años siguientes, y, en cinco años más, la red contaba con cuarenta millones de usuarios.

Steve Jobs con su hija, Lisa Brennan Jobs.

13

Familia

La boda de uno de los solteros de oro del mundo de la tecnología era un acontecimiento de lo más esperado. A comienzos de 1991, mientras NeXT y Pixar lo estaban pasando mal, Steve sufrió otra crisis en su vida privada: Laurene Powell, su novia, estaba embarazada.

Jobs tenía entonces treinta y seis años y nada que ver con aquel chico tan desenvuelto y arrogante que era cuando su novia del instituto dio a luz a Lisa en 1978. Las intenciones de Steve hacia Laurene, una estudiante de segundo año del máster de Empresariales en Stanford, eran serias, y le había propuesto matrimonio al menos dos veces, la más reciente de ellas durante un viaje de fin de año a Hawái. Le había regalado a Laurene un anillo de diamantes; ahora, sin embargo, se estaba dedicando otra vez a darle vueltas al asunto.

Preguntó a sus amigos, forcejeó con todas las posibilidades, se mostró reacio ante la idea del matrimonio y finalmente ignoró la cuestión por completo. Frustrada, una Laurene de veintisiete años decidió marcharse de la casa de Steve y regresar a su apartamento por segunda vez ya en aquella temporada. Al final, él tomó una decisión. El 18 de marzo de 1991, el consejero espiritual de Steve desde tanto tiempo atrás, Kobun Chino, casó a Jobs y a Powell en una cabaña en el Parque Nacional de Yosemite. La tarta fue vegana y, al término de la celebración, las apenas cincuenta personas que asistieron se marcharon a dar un paseo por la nieve.

Entre Brennan y Powell, Steve había tenido alguna que otra novia. Poco después de que Brennan se trasladara a Oregón, Jobs inició una relación con una mujer que trabajaba para la firma encargada de la imagen pública de Apple; duró unos años. A comienzos de los ochenta, como el multimillonario e ídolo de la tecnología que era, empezó a moverse en otros círculos sociales, y durante un par de años estuvo saliendo de manera intermitente con la cantante de folk Joan Baez, por mucho que ella fuera catorce años mayor. El equipo del Macintosh se quedó de piedra cuando se presentó allí con ella para mostrarle aquel proyecto ultrasecreto, y Baez llegó incluso a asistir con él a alguna fiesta anual de la empresa. Sin embargo, la diferencia de edad acabó siendo demasiado grande.

También salió con Maya Lin, quien diseñó el monumento en memoria de las víctimas de la guerra de Vietnam, y tuvo una cita a ciegas con la actriz Diane Keaton. Estuvo saliendo durante un año con una estudiante de la Universidad de Pennsylvania que se llamaba Jennifer Egan, a quien iba a ver siempre que se desplazaba a la costa este. Steve le soltó una charla sobre la necesidad de evitar el apego hacia los objetos materiales, y ella contraatacó preguntándole cómo era capaz de justificar entonces el hecho de dedicarse a fabricar productos que quería la gente.

—Mantuvimos al respecto debates de una gran riqueza —dijo ella.

Egan, quien se convirtió en una novelista ganadora del premio Pulitzer, le comunicó a Steve que se veía demasiado joven para el matrimonio, y la relación finalizó.

En 1984, la revista *BusinessWeek* le preguntó acerca de sus aficiones particulares, y Steve respondió: «Me gustan el cine y los romances».

¿Qué tipo de romances? «Con mujeres jóvenes, superinteligentes y con sentido artístico. Me da la sensación de que es más fácil encontrarlas en Nueva York que en Silicon Valley», remató.

Su primera relación de verdad, duradera, tendría lugar con una mujer a la que conoció mientras ella visitaba las oficinas de Apple. Tina Redse, que se dedicaba al diseño gráfico, mantuvo una relación larga y turbulenta con Steve. A mediados de los años ochenta, Jobs había adquirido una mansión de estilo colonial con catorce habitaciones y sin amueblar apenas. Ella se mudó allí con él, aunque Steve aún dormía sobre un colchón en el suelo y era un perfeccionista tal, que no le dejaba a Tina comprar un sofá. Frustrada por la ausencia de muebles, se marchó de la casa.

Aun así, ambos se mostraban muy apasionados cuando estaban juntos, lo bastante como para que los empleados de NeXT recordaran sus «sesiones de cariño» en el vestíbulo de la compañía. Sin embargo, también tenían amargas peleas, algunas de ellas en público. Al igual que a Chrisann Brennan, a Redse la desalentaba lo frío e indiferente que podía ser Steve a veces, y cuánto daño era capaz de hacerle a ella y a otros. También presionó a Jobs para que pasara más tiempo con su hija Lisa, que por entonces ya iba a primaria.

Ross Perot animó a Steve para que se casara con Tina Redse, y por fin se lo propuso en 1989, pero ella lo rechazó al decidir que nunca serían capaces de hacer que funcionara. No obstante, mantuvieron el contacto.

Laurene Powell entró en la vida de Steve una tarde de otoño, cuando él daba una charla en la facultad de Empresariales de Stanford. Laurene había ido con una amiga, y cuando vio que no quedaban sitios libres, se sentó en uno que estaba reservado. Cuando llegó Steve, ella se encontró sentada junto al invitado de honor y le tomó el pelo asegurándole que había ganado un concurso y que el premio era una cena con él.

Charlaron unos minutos después de la conferencia y, en principio, se suponía que Steve había de dirigirse a una reunión de NeXT. Sin embargo, una vez en el coche, algo le hizo cambiar de opinión.

—Yo estaba en el estacionamiento, con las llaves puestas en el contacto, y pensé: «Y si esta es mi última noche en la tierra, ¿cómo prefiero pasarla, en una reunión de negocios o con esta mujer?». Atravesé corriendo el estacionamiento y le pregunté si le apetecería cenar conmigo. Me dijo que sí, nos fuimos al centro dando un paseo y hemos estado juntos desde entonces —contó.

Procedente de Nueva Jersey, Powell había perdido a su padre cuando era una niña y había aprendido a ser fuerte. Rubia, en buena forma y vegetariana, se graduó por la Universidad de Pennsylvania y trabajó en una de las firmas de primera línea de Wall Street, Goldman Sachs, antes de decidirse a ir a la facultad de Empresariales. Tenía todas las cualidades apropiadas: inteligencia, belleza y un currículum impresionante.

La relación también tuvo sus altibajos, con un Steve que un día le pedía a Laurene que se casara con él y después se distraía meses eludiendo la cuestión. Ella pasaba de ser el centro de su atención a verse ignorada; aquellas zonas de penumbra de Steve la confundían, pero ella las resistía.

Powell fue solo un miembro más de la familia que Jobs introdujo en su vida durante la etapa posterior a Apple. Steve se pasó varios años evitando a Chrisann y a Lisa justo después de que la niña naciera.

Steve Jobs con su mujer, Laurene Powell.

—No quería ser padre, así que no lo fui —le contó al biógrafo Walter Isaacson durante una serie de entrevistas. Se detenía en su casa de tanto en tanto y charlaba con Chrisann, pero a su hija básicamente se limitaba a no hacerle caso.

Sin embargo, ya fuera de Apple y trabajando en NeXT, cerca de donde ellas vivían, empezó a aparecer por allí con mayor frecuencia, se llevaba a Lisa a cenar e incluso a la oficina, donde la niña daba volteretas por el pasillo. Cuando se hizo más mayor, comenzaron a dar paseos o a ir a patinar.

Aun así, escribiría más adelante Lisa, «mi madre me ha criado más bien sola. No teníamos mucho, pero ella es muy cariñosa, y éramos felices. Nos mudábamos un montón». Hasta en trece ocasiones, a decir verdad. Aunque sabía que su padre era rico y famoso, solo llegó a conocerle muy poco a poco. Una vez, cuando apenas era una preadolescente, Steve se la llevó a un viaje de negocios a Tokio.

Jobs había flexibilizado sus hábitos alimentarios cuando estaba en Apple, argumentando que «hay que sopesar muy seriamente las relaciones con los demás frente a una vida un poco más sana». Pero tras marcharse, regresó a sus costumbres vegetarianas más estrictas; eso sí, le seguía encantando el sushi. En aquel viaje se llevó a Lisa a un sushi bar en los bajos de un hotel, donde compartieron unagi sushi, anguila cocida sobre arroz, algunas con sal y otras con una salsa dulce.

—Ambos tipos estaban templados y se deshacían en la boca —recordaba Lisa. La distancia entre ella y su a menudo ausente padre también se fue deshaciendo. «Era la primera vez que me sentía tan relajada y tan contenta estando con él», escribió. «Un espacio antaño inaccesible había quedado abierto. Era menos rígido consigo mismo, incluso humano, bajo aquellos techos fantásticos, con las sillitas, con la comida y conmigo».

No mucho después de que Jobs se casase, Lisa se trasladó a vivir con él y con Laurene durante su etapa de instituto. Iría a Harvard para convertirse en escritora. Igual que tantas otras relaciones de Steve Jobs, esta pasaría también por sus momentos cálidos y por sus momentos fríos, momentos en que ambos se pasaban meses o incluso años sin hablar. La ceremonia de graduación universitaria de Lisa sería uno de esos momentos: ella no le invitó, y él no asistió.

Otra pieza más del rompecabezas de la familia de Steve encontró su lugar.

A mediados de los ochenta le fue diagnosticado un cáncer de pulmón a Clara Jobs. En sus ratos de conversación con ella, Steve le preguntaba a su madre por su pasado, y así se enteró de que había estado casada antes, con un hombre que había muerto en la guerra; y también se enteró de algunos detalles más sobre su adopción.

Jobs se resistía a buscar a su madre biológica porque no quería hacer daño a Paul y a Clara, a quienes quería con pasión y consideraba sus únicos y verdaderos padres. Tras la muerte de Clara en noviembre de 1986, a los sesenta y dos años, Steve le habló a su padre del interés que tenía. Y su padre le dio luz verde.

A través de alguna pesquisa que otra, y con la ayuda de un detective, Steve se las arregló para localizar a Joanne Schieble en Los Ángeles. Se enteró también de que su padre biológico era Abdulfattah *John* Jandali, un sirio que se hizo profesor de Ciencia Política. Joanne había regresado a Wisconsin tras el nacimiento de Steve y, tras la muerte de su padre, Jandali y ella se casaron y tuvieron otra hija, una niña a la pusieron el nombre de Mona.

Resultó que Steve tenía una hermana biológica.

Jandali abandonó a la familia apenas unos pocos años después, Joanne se volvió a casar y tanto ella como Mona adoptaron el apellido Simpson, si bien aquel matrimonio tampoco duraría.

Steve visitó a Joanne en Los Ángeles, en parte para agradecerle que le hubiera dado la vida. Ella no paró de pedirle perdón y de decirle que no había dejado de echarlo de menos.

Poco después, Steve conoció a Mona Simpson en Nueva York. Ella acababa de terminar una novela titulada *A cualquier otro lugar*, que trataba del traslado de su madre y ella desde Los Ángeles hasta Wisconsin, y estaba trabajando en una revista literaria llamada *Paris Review*. Congeniaron de inmediato y descubrieron que a ambos les gustaban los largos paseos, que eran muy intensos en sus trabajos y que poseían una fuerte determinación. Así como Steve jamás había sentido demasiada afinidad con su hermana Patty, Mona y él se

La novelista Mona Simpson, que conoció a su hermano Steve Jobs cuando ambos se encontraban entre los veinte y los treinta años.

convirtieron en buenos amigos, y Mona llegó incluso a conocer a sus novias y a Lisa.

Como novelista de renombre, Mona tiró de sus experiencias personales y, a mediados de los noventa, escribió un libro titulado *A Regular Guy* («Un tipo corriente») que trataba de un individuo narcisista y adicto al trabajo que no presta ninguna atención a su hija hasta que pierde su empleo. Esta era la primera frase: «Era un hombre demasiado ocupado como para tirar de la cadena». Aunque se trataba de una novela, estaba claramente basada en Steve, y resultaba difícil saber dónde acababan los hechos y dónde empezaba la ficción.

Mona, por su cuenta, había empezado a buscar a su padre y lo encontró en Sacramento, California. Steve, sin embargo, no tenía interés en verlo y sí preocupación ante la posibilidad de que su padre biológico intentara chantajearlo de algún modo o fuera tras su fortuna. Le dijo a su hermana que no quería que lo mencionara.

Así que Mona viajó sola a Sacramento. Jandali había dejado la enseñanza y se dedicaba al negocio de los restaurantes. Estaban hablando y él le contó a Mona que antes de que ella naciera, su madre y él habían tenido otro hijo, un niño. «No volvimos a verlo jamás», le dijo.

También le habló a Mona de los otros restaurantes que había dirigido, incluido uno de comida mediterránea cerca de San José. Para su absoluta sorpresa, Jandali le dijo que «allí iba toda esa gente de éxito del mundo de la tecnología, incluso Steve Jobs. Era un tipo agradable, y dejaba unas propinas estupendas».

Mona hizo todo lo que pudo para no revelar el secreto: que Steve Jobs era su hijo. A continuación, llamó a su hermano de inmediato y le contó la sorprendente historia. Jobs estaba boquiabierto. Se acordaba del restaurante y del dueño.

—Era sirio. Calvo. Nos dimos la mano —diría más adelante.

Iban encajando las piezas dispersas de la historia de Steve Jobs y de su familia. Entonces, en septiembre de 1991, Powell dio a luz a un niño. La pareja se tomó dos semanas para darle un nombre: Reed Paul Jobs. «Es difícil ponerles un nombre a los productos nuevos», decía el primer anuncio de su nacimiento.

El recién nacido supuso un vuelco en la vida de Steve. «Es casi como si se encendiera un interruptor dentro de ti y pudieras disfrutar de toda una nueva gama de sentimientos que nunca imaginaste que tenías —dijo unos meses más tarde—. Es mucho más profundo de lo que me habría imaginado jamás a partir de lo que se cuenta».

La familia se trasladó a un nuevo hogar en Palo Alto. Querían que sus hijos tuvieran un arraigo, y Mona Simpson recordaba que vivían con sencillez. En aquellos primeros años cenaban muy a menudo sentados en el césped, y esa cena a veces «consistía en solo una verdura, cantidades ingentes de una única verdura —contó Mona— aderezada solo con la hierba apropiada y recién cultivada».

Steve y Laurene se las arreglaron para comprar camas y unas pocas cosas necesarias, pero nada más.

—Estuvimos hablando de muebles en sentido teórico durante ocho años —dijo Powell—, y dedicamos mucho tiempo a preguntarnos cuál es la verdadera finalidad de un sofá.

Incluso comprar una lavadora se convertía en un esfuerzo titánico. Cuando decidieron que necesitaban una, a mediados de los noventa, Jobs contó que se quedaron impresionados con las máquinas europeas, que gastan menos agua y tratan mejor la ropa, pero tardan el doble en cada lavado.

—Nuestra familia se pasó un tiempo hablando sobre qué era lo que preferíamos sacrificar —diría Steve. Aquello hacía referencia tanto al diseño como a los valores familiares—. ¿Nos importaba más tener la lavadora lista en una hora en lugar de en hora y media? ¿O nos preocupaba más que el tacto de nuestra ropa fuera más suave y esta durara más? ¿Nos preocupaba utilizar la cuarta parte de agua?

Las conversaciones y debates se extendieron a la mesa de la cena durante dos semanas antes de que la familia se decidiera por las máquinas que Miele fabricaba en Alemania.

—Esos tipos sí que le habían dado vueltas a todo el proceso —dijo Steve—. Aquellas lavadoras me hicieron pasar ratos mucho mejores que cualquier otro objeto de alta tecnología en años.

Comprar una lavadora no es que fuera diseñar el Macintosh o dejar huella en el universo, que digamos, pero Steve Jobs era un hombre nuevo. A la época posterior a su despido de Apple se la suele llamar su periodo «selvático» porque parecía deambular apartado de la tecnología y de la gente que había hecho de su primer acto algo estelar. Ahora, en la mediana edad, Jobs ya no esperaba que las tecnologías revolucionaran el mundo. «Lo siento, es cierto —le dijo a un entrevistador—. Tener un hijo cambia verdaderamente tu punto de vista en ese aspecto. Nacemos, vivimos un brevísimo instante y morimos. La tecnología no está cambiando eso de forma significativa, si es que lo está haciendo, siquiera».

Al mismo tiempo que sus compañías luchaban, Jobs construía sus primeras relaciones familiares de verdad como adulto, para llegar a crearse una vida también de verdad fuera del trabajo. Dada su naturaleza, estas relaciones serían complejas y escabrosas, y la mezcla que representaba su familia era tan complicada como cualquier otra que se te pueda ocurrir, con una madre y un padre además de sus padres biológicos, una hermana, otra hermana biológica, una esposa y, con el tiempo, tres hijos; y una antigua novia y su primera hija.

Acabaría por desarrollar un vínculo muy significativo y duradero con la mayor parte de ellos, aunque no con todos. Jandali se enteraría por los periódicos de que Steve Jobs era su hijo biológico, pero jamás se encontraría con él en tal papel.

Paul Jobs, el padre de Steve, falleció a los setenta años de edad, en marzo de 1993. Años más tarde, su hijo diría de él que era «un gran hombre». Ante la pregunta que una vez le hicieron al respecto de lo que le gustaría dar a sus hijos, Steve dijo que su único deseo era «intentar ser tan buen padre para ellos como el mío lo fue para mí. Lo tengo presente cada uno de los días de mi vida».

Por su parte, Paul Jobs estaba inmensamente orgulloso de su hijo, una persona difícil, pero exitosa, y asistió a todas sus presentaciones públicas hasta el final.

Durante aquellos años tan complicados, Steve Jobs pudo haber ido dando tumbos en el aspecto profesional, aunque creció a ojos vistas en la faceta que agranda el corazón y alimenta el alma: como hijo, como marido y como padre.

Y sus horas de trabajo tampoco serían en absoluto en balde.

Woodside

En el inicio de la década de los noventa, Jobs y Powell se afincaron en su domicilio de Palo Alto, donde se sentían tan cómodos que con frecuencia se dejaban abierta la puerta de atrás. Sin embargo, en su antiguo vecindario de Woodside, Steve se vería envuelto en una extensa y amarga batalla sobre la mansión que allí dejaba.

Jobs mantuvo la casa de Woodside —una construcción enorme de estilo colonial español con 17.000 metros cuadrados, catorce habitaciones, trece cuartos de baño y un aseo—, con la esperanza de tirarla abajo algún día y levantar algo más pequeño y sencillo. Durante algunos años, la familia utilizó la casa y la piscina para dar fiestas. Cuando el presidente Bill Clinton y su mujer, Hillary, viajaron a Stanford a visitar a su hija Chelsea, se alojaron en otra casa dentro de la arbolada propiedad.

A mediados del 2004, Steve Jobs solicitó permiso a la comisión urbanística municipal para demoler la mansión, construida en 1926 por el magnate del cobre Daniel C. Jackling. Jobs adujo que estaba mal construida y que era «una de las mayores abominaciones de casa que he visto en mi vida».

Los vecinos, por el contrario, decían que era histórica y que había que conservarla.

La comisión accedió a permitir a Jobs la demolición de la casa, pero solo si durante un año intentaba encontrar a alguien que trasladara la estructura a otro lugar. El ayuntamiento mantuvo aquella decisión a comienzos de 2005, pero los vecinos interpusieron una demanda y el juez paralizó las obras.

A partir del año 2000, Jobs dejó la casa expuesta a los elementos, y hacia el final de la década estaba ruinosa, se caía a pedazos.

En 2009, Steve consiguió por fin un nuevo permiso de demolición. Para disgusto de los vecinos, la casa fue derruida en febrero de 2011, aunque para entonces, Jobs no tenía el menor interés en construir una nueva.

John Lasseter, animador jefe de Pixar, juega con los muñecos de Woody y Buzz Lightyear, protagonistas de su primer gran largometraje: *Toy Story*.

14

Siliwood

Con dos años de trabajo en *Toy Story* a sus espaldas, el equipo de Pixar tenía un problema enorme: Woody, el personaje principal, era un imbécil. El vaquero de trapo que hablaba al tirar de un cordel era mezquino, egoísta y sarcástico.

En una escena, el juguete preferido de la habitación de Andy empujaba aposta al recién llegado e inocente Buzz Lightyear y lo tiraba por la ventana del dormitorio, al jardín del vecino malvado. Entonces, Woody bajaba la persiana y decía: «Eh, así es la vida, el juguete grande se come al chico».

La gente de Disney había pedido un personaje más irritable, pero aquel tipo les parecía odioso.

Después de ver una versión preliminar de la película en noviembre de 1993, el director de animación de Walt Disney dio a John Lasseter y a su equipo la orden de parar el proyecto al instante, y no podría continuar a menos que Disney aprobara un guión nuevo. La primera colaboración de verdad entre el glamour de Hollywood y la tecnología de Silicon Valley —apodada Siliwood— había quedado en el aire. Habría que detener todos los trabajos de animación mientras los escritores intentaban solucionar el guión.

La decisión resultó aterradora para el personal de Pixar, que tantas ganas tenía de llevar a cabo el primer largometraje de animación por computadora, y fue otro revés para Steve Jobs, que debía continuar respaldando a la compañía y pagando a los empleados durante el hiato.

Además, ya estaba siendo un año bastante malo para NeXT.

A finales de 1992, y como los compradores seguían rechazando los equipos NeXT, varios miembros de los escalafones más altos abandonaron el barco. Steve quedó desolado y también quiso marcharse, pero no podía soportar otro fracaso público. «Aquí se puede ir todo el mundo, excepto yo», dijo a los ejecutivos restantes.

Finalmente, a comienzos de 1993, Jobs hizo caso a lo que tanto sus clientes como sus directivos le habían estado pidiendo que hiciera: NeXT salió del mercado de las computadoras personales y admitió la derrota en ese campo. «El sueño de Steve Jobs de levantar otro gran fabricante de computadoras como Apple, de la que es cofundador, está muerto, más muerto que muerto», dijo la revista *Fortune*.

NeXT dejó marchar a más de trescientos miembros de la plantilla, se quedó con apenas doscientos y cedió su fabulosa fábrica a Canon. La empresa sobreviviría, pero como un vendedor casi insignificante de lo que algunos denominaban «un software oscuro».

La antaño brillante estrella de Jobs menguó todavía más.

Tras «una vertiginosa caída desde una atalaya majestuosa —se decía en el *Wall Street Journal* a mediados de 1993—, [Steve Jobs] está luchando por demostrar que aún tiene algún peso en la industria de la tecnología».

«La gente ha dejado de prestarle atención —decía al periódico Richard Shaffer, editor de *Computer Letter*—. Es una pena».

Las revistas le llamaron «fracaso estrepitoso» y, por si fuera poco, *Fortune* contaba al antiguo niño prodigio entre los jefes más duros de los Estados Unidos: su artículo de opinión situaba a Steve «gritando como un loco» durante varios minutos en una «diatriba cargada de palabras altisonantes» dirigida a un gerente que le había dicho que la carcasa negra del NeXT iba a costar más de lo que Jobs quería pagar.

La historia proseguía y contaba que aquel hombre de treinta y ocho años podía ser un encanto y un motivador fantástico un minuto, y al siguiente lanzar unos ataques virulentos si algo no cumplía sus expectativas. Cuando Steve presentó el NeXT, insistió a un empleado para que probara con treinta y siete tonos diferentes de verde para las diapositivas del evento.

—Los subidones eran increíbles —afirmó una vez un empleado—, pero los bajones eran inimaginables.

Encallado en su propia marea baja, Jobs trató de encontrar una salida. Los guionistas de Pixar fueron capaces de arreglar el personaje de Woody, aunque durante parte de 1994, Jobs intentó vender toda su participación en la empresa. Probó con Hallmark, fabricante de tarjetas de felicitación; con Paul Allen, cofundador de Microsoft; e incluso con la propia Microsoft, pero no logró alcanzar un acuerdo.

Su percepción cambió cuando la película cobró forma y Disney accedió a distribuirla durante el periodo navideño de 1995: gracias al software desarrollado por Pixar, y al ingenio y el compromiso de su gente, la película se estaba convirtiendo en una encantadora historia de amistad que resistiría el paso del tiempo. Y también era una maravilla tecnológica. Por medio de la geometría, el álgebra y los equipos más potentes del mercado, los animadores crearon unos juguetes capaces de realizar movimientos fluidos, adoptar expresiones tremendamente realistas y mostrar los detalles más minuciosos. Woody —que estaba basado en un muñeco parlanchín de Casper, «el fantasma bueno», que Lasseter adoraba cuando era niño— contaba con más de setecientos puntos matemáticos que se podían controlar, más de doscientos de ellos en el rostro. El añadido de las texturas de la tela, arrugas, manchas, bultos y otros detalles llevaría miles de horas de trabajo adicional; y los animadores trabajaban una semana entera para lograr que las expresiones de Woody cuadraran con apenas unos segundos de diálogo del actor Tom Hanks.

Sin embargo, mientras los cambios en la animación tradicional implicaban volver a dibujar los personajes, el software permitía que se introdujeran modificaciones a base de hacer clic. Lasseter podía afinar las imágenes con suma facilidad, darles instrucciones a los animadores para que ladearan la cabeza del Señor Cara de Papa «para que sea más fácil que el niño le quite la nariz de un mordisco», o sugerir: «Vamos a ver si podemos hacer que la saliva del niño sea más elástica, más pegajosa y que se estire más».

Cada fotograma completo —que aparecía en pantalla durante la fracción correspondiente a $^1/_{24}$ de segundo— requeriría cinco megabytes de memoria, casi cuarenta veces más que la que tenía el primer modelo de Macintosh, y después, ensamblar todos los personajes, fondos y otros detalles llevaría cientos de horas de procesamiento en torres de servidores potentísimos.

Una vez listo el proyecto, se sumaron los anunciantes: Burger King accedió a promocionar los personajes en sus menús infantiles y la compañía Frito-Lay colocó figuras de cartón de más de dos metros de Woody y Buzz en algunas importantes tiendas.

A principios de 1995, Jobs celebró que cumplía los cuarenta en una fiesta que había montado su amigo Larry Ellison, consejero delegado de la tecnológica Oracle. Ahora conducía un Jeep Cherokee en lugar de su Porsche, y estaba a punto de volver a ser padre de otra hija, Erin Siena. Pero también se sentía entusiasmado con aquella creación de Pixar. En mayo de

1995 convirtió a Fernanda y Greta Schlender, de nueve y diez años, en dos de las niñas más afortunadas de los Estados Unidos. Las invitó a su casa, junto con su padre, el periodista de *Fortune* Brent Schlender, a un pase previo informal de *Toy Story*.

La película ni siquiera estaba terminada, algunos fragmentos seguían en blanco y negro y sin parte de la acción, pero Steve no podía casi reprimir las ganas de preguntar a las niñas al finalizar: «Bueno, ¿qué les parece? ¿Es tan buena como *Pocahontas?*».

Las dos pensaban que sí.

«Muy bien —prosiguió Steve—, ¿y tan buena como *El rey león?*».

Esta se la tuvieron que pensar. Fernanda le dio la respuesta que él estaba deseando oír: «Pues, la verdad, me parece que no voy a saberlo seguro hasta que vea *Toy Story* cinco o seis veces más».

El día del estreno se aproximaba, y a Steve Jobs se le ocurrió un plan tan desorbitado como cualquier otro que hubiera propuesto antes: se encargaría de que Pixar saliera a bolsa poco después del estreno de la película.

Incluso para los ases de Wall Street que se pasan el día buscando buenos valores, aquella idea requeriría echarle una buena cantidad de desfachatez. Antes de 1995, Pixar había alcanzado la modesta cifra de ingresos anuales de 7,3 millones de dólares de la venta de equipos y software especializado, y de la realización de los anuncios publicitarios.

Cierto, Jobs había llegado a un acuerdo con Disney para hacer otras dos películas después de *Toy Story*, pero también lo era que la compañía había acumulado pérdidas año tras año.

A pesar de todo, Jobs esperaba que los inversores se gastaran el dinero ganado con el sudor de su frente en la adquisición de una porcioncita de una compañía que había hecho un largometraje que podría o no tener éxito, y que podría tener su continuación con otras dos buenas películas o no tener continuación alguna. Los profesionales de la industria le dijeron que estaba loco como una cabra.

Tal vez. Pero no dejaba de ser Steve Jobs, el que no aceptaba un no por respuesta.

Contrató a un consejero financiero que se encargó de vender la idea a Wall Street y a los inversores. Igual que sucedió en Apple, la posibilidad de que algunos en Pixar se hicieran ricos y otros no provocó sentimientos encontrados. Solo unos pocos ejecutivos —el cofundador Ed Catmull, el director John Lasseter, el nuevo ejecutivo financiero y otro par más— estarían en posesión de una participación suficiente como para convertirse en millonarios si la salida a bolsa tenía éxito. El resto del personal dispondría de una opción de compra de acciones con descuento en el futuro, aunque no la podrían ejecutar hasta pasados cuatro años. Entretanto, Steve Jobs poseería alrededor del 80 por ciento de la compañía tras la salida a bolsa.

El momento escogido fue excelente. Aquel mismo verano, una pequeña empresa llamada Netscape, que había desarrollado uno de los primeros navegadores para moverse por Internet, fue capaz de salir a bolsa con éxito a pesar de su breve historia. De repente, la oferta de acciones de Pixar tenía un aspecto prometedor.

Toy Story se estrenó en el fin de semana de Acción de Gracias de 1995 y tuvo una crítica espectacular, las familias se agolpaban para ir a verla. Recaudó 29 millones de dólares en el primer fin de semana y batió el récord de un estreno en Acción de Gracias, para llegar a convertirse en el éxito del año con una taquilla de 192 millones de dólares solo en los Estados Unidos, y otro tanto en el resto del mundo.

Una semana más tarde, las acciones de Pixar salían a bolsa a 22 dólares cada una. El primer día en los mercados, el valor repuntó hasta alcanzar más del doble de su precio y terminó cerrando en los 39 dólares por acción. La oferta pública de acciones reportó unos fondos de 130 millones de dólares a la compañía para financiar sus actividades futuras.

Más sorprendente aún fue que Steve Jobs, aquel genio juvenil que se había jugado una fracción muy significativa de su fortuna en mantener a flote la compañía, durante unos breves momentos fuera poseedor de una participación con un valor equivalente a más de 1.000 millones de dólares, antes de que el precio por acción retrocediera a niveles más normales.

Ni a los propios guionistas de Pixar se les podía haber ocurrido un final mejor.

Y, sin embargo, por mucho que Steve Jobs estuviera disfrutando enormemente con el éxito de *Toy Story* y con su familia numerosa, Apple nunca se alejó demasiado ni de su cabeza ni de su corazón. «Todo aquel que le conoce bien —escribía Schlender, el periodista de *Fortune*— te contará que es raro el día en que no piense en qué haría él si estuviera dirigiendo Apple».

El crecimiento de Apple se había mostrado sólido durante unos años bajo el mando de Sculley, pero comenzó a tambalearse a comienzos de los noventa, y el antiguo directivo de Pepsi fue despedido en 1993. Los problemas se acrecentaron bajo la tutela del sucesor de Sculley.

Aunque le costó cerca de una década, Microsoft había conseguido descubrir por fin cómo copiar las mejores características del Macintosh e incluso mejorar algunas de ellas. Mientras tanto, la tecnología de Apple se había estancado. En una entrevista, Jobs se mostraba crítico: «La industria de la computadora de escritorio está muerta. Se puede decir que ya no hay innovación. Microsoft domina sin innovar prácticamente nada».

«Perdió Apple», afirmó.

En otoño de 1995, confesó a *Fortune*: «¿Sabes una cosa? Tengo un plan que podría rescatar Apple —no dio detalles, pero sí dijo—: Son el producto perfecto y la estrategia perfecta para Apple, pero allí no me iba a escuchar nadie…».

Ahora, tras su enorme éxito en Pixar, quizá sí le escuchara alguien al fin y al cabo.

El crucero de la jungla

John Lasseter, el genio que hay detrás de las películas *Toy Story* y *Cars*, cuenta en su currículum con un verano de trabajo en Disneylandia que utilizó para prepararse mejor.

A John le encantaban los dibujos animados desde que era un niño, cuando se levantaba todos los sábados a las seis y media de la mañana para no perderse los primeros programas que ponían en la tele después de las noticias sobre agricultura y ganadería. En sus años de instituto, volvía a casa corriendo del entrenamiento de waterpolo para ver a Bugs Bunny. Su madre, profesora de dibujo, era un refuerzo para él.

En su primer curso en el instituto se topó con un libro titulado *The Art of Animation*, «El arte de la animación», y por primera vez fue consciente de que podría ganarse la vida con aquello. Estudió Bellas Artes y recibió una invitación del Instituto de Bellas Artes de California para estudiar animación en un nuevo programa.

Sin embargo, Lasseter afirma que mucho de lo que sabe sobre comedia y sobre los momentos cómicos procedía de un verano en el que estuvo trabajando de operario en el Jungle Cruise (el «crucero de la jungla») de Disneylandia. «Aprendí que, cuanto peores eran los chistes y los juegos de palabras, más divertidos podrían resultar si sabías cómo contarlos», aseguraba. Uno de sus favoritos era el del grupo de nativos que habían trepado a un poste en un intento por escapar de un rinoceronte en el agua.

«Te levantabas y decías: eh, ahí están, son la famosa tribu de los hontas. Hacía mucho tiempo que no se sabía nada de ellos —cuenta Lasseter. Y, a continuación, venía la gracia—: ¡Como los alcance el rinoceronte… van a quedar muy *poca-hontas!*».

¿Qué tiene que ver la geometría con esto?

La animación por computadora no solo requiere conocimientos informáticos, sino también una buena dosis de matemáticas y física, si se quiere crear todo un mundo virtual que resulte creíble.

«Todo este universo existe solo gracias a las matemáticas. Todo lo que haces dentro de él son operaciones matemáticas —asegura Rob Cook, vicepresidente jubilado de Pixar y autor de parte del software más importante de la compañía—. Si nosotros hacemos bien nuestro trabajo, nadie se entera de eso».

Pensemos en un codo. Cuando se dobla, el brazo, la mano y la muñeca rotan, y el bíceps se contrae: todo son ecuaciones matemáticas. Tanto en la animación como en los gráficos de los videojuegos, la trigonometría ayuda con la rotación y el movimiento, el álgebra se utiliza en los efectos especiales y los cálculos con integrales son necesarios para que la iluminación resulte natural.

A la hora de realizar imágenes tridimensionales complejas, se eligen unos puntos determinados para definir diversas formas y, básicamente, se dividen en polígonos. Dado que esas formas son abruptas y rígidas, los polígonos se van subdividiendo, y la superficie se curva hasta que la imagen adquiere un aspecto suave y realista. Pixar es pionera en esta técnica, denominada «subdivisión de superficies».

Con cada nueva película, el equipo de Pixar tenía que superar la dificultad de desarrollar algo novedoso en la animación por computadora: *Bichos* requería árboles y hojas muy realistas; *Monsters, Inc.* contaba con infinidad de tejidos y pelajes; *Buscando a Nemo* exigía que se salpicara agua, y el reparto de *Los Increíbles* consistía en figuras humanas con una potente musculatura.

Además de los ingenieros y los creadores de las historias, Pixar cuenta con varios empleados con la más elevada formación científica, como un doctor en Física especializado en el aire y el agua. La compañía utiliza la «física de los dibujos animados», según lo denomina Cook, que técnicamente hablando no es tan exacta como la física real, sino que permite dotar las películas de un aspecto realista, al tiempo que captura las reacciones exageradas y la flexibilidad de los personajes que hacen de los dibujos animados un pasatiempo tan divertido.

Entrada del campus de Apple en Cupertino, California*. [Fotografía de Joe Ravi/Creative Commons Attribution-Share Alike]

---

* «One Infinite Loop, Cupertino, California» es la dirección real del edificio principal de la sede de Apple en los Estados Unidos. En español, se podría leer como tal, es decir, «número 1 de la calle Infinite Loop en Cupertino, California», o bien como parece apuntar el cartel de la foto: Campus de Apple, un bucle infinito. *(N. del T.)*

15

El regreso

En la historia sobre el amor y la pérdida que Steve Jobs relató a los estudiantes de Stanford había algo más.

La salida de Apple le causó un profundo dolor, pero, como él mismo dijo: «Que me despidieran de Apple fue lo mejor que podía haberme pasado».

Una vez tocado fondo, podía volver a empezar de cero. Fundó NeXT, financió Pixar y conoció a «una mujer increíble», su esposa, Laurene.

Y entonces sucedió algo más extraordinario si cabe.

En 1996, Apple necesitaba ayuda. Tenía demasiados productos de una cierta clase y no los bastantes de otra, y peor aún, alguna que otra unidad de sus computadoras portátiles había ardido por culpa de unas baterías defectuosas. Apple había gastado cientos de millones de dólares en un sistema operativo nuevo —con el nombre en código de Copland— que reemplazaría al desfasado y anticuado que tenían, pero el desarrollo iba con mucho retraso y el producto estaba plagado de problemas. Aunque Apple había alcanzado una cifra de ventas anuales de 11.000 millones de dólares en el periodo fiscal correspondiente a 1995, los clientes desaparecían, y las cosas empezaban a ir tan mal que sus responsables estaban intentando venderle la compañía a cualquiera, incluso a su aburrido y poco imaginativo competidor, IBM.

Time lo calificó como «un caos y un desastre sin visión estratégica, y desde luego sin futuro». *Business Week* titulaba su artículo de portada: «La caída de un icono americano». *Fortune* decía: «Para ponerse a llorar».

Ninguna de las conversaciones se tradujo en un acuerdo. Nombraron a Gil Amelio nuevo consejero delegado y por su aspecto dejó claro que iba a necesitar lo más parecido a un milagro para darle un vuelco a la situación de la compañía. Apple aún contaba con más de veinte millones de personas que habían comprado sus ordenadores Macintosh y seguían a la compañía con una lealtad inmensa, pero tampoco iban a tardar mucho en empezar a cambiarlos por otros más baratos con chips de Intel y el sistema operativo Windows de Microsoft, si es que Apple no les ofrecía algo mejor.

Durante el verano y el comienzo del otoño, los responsables de Apple buscaron la píldora mágica, ese alguien o esa compañía capaz de traer consigo el tipo de software sofisticado que era necesario para renovar y revitalizar su sistema operativo y volver a situar sus máquinas en la primera línea del frente de la tecnología. Se estudió a una compañía pequeña y sin contrastar que había fundado un antiguo ejecutivo de Apple, pero entonces recibieron en Cupertino una llamada de teléfono procedente de un grupo de responsables de categoría media de NeXT que, por su propia cuenta y riesgo, les sugerían que se fijaran en su empresa. El emparejamiento parecía lógico, ya que NeXT había sido una creación de Jobs y de otros antiguos jefes de Apple, se podía decir que ambas compañías compartían material genético.

Steve Jobs había estado dedicándole más tiempo a Pixar y se mostraba abierto a la idea de venderle a Apple el software de NeXT o la compañía entera, que seguía sufriendo pérdidas.

En diciembre de 1996, Jobs regresó al campus de Apple en Cupertino por vez primera desde que lo abandonó en 1985, y llevó su considerable encanto y sus fascinantes dotes de vendedor consigo. En un par de sesiones, convenció a los responsables de Apple con las deslumbrantes capacidades del NeXT y llenó las pizarras de la sala de reuniones de la compañía con sus ideas acerca de cómo el software podía hacer que las computadoras de Apple fueran más ágiles para los programadores y usuarios de Internet. Se metió a Amelio y a su equipo en el bolsillo.

A últimos de diciembre, y en otro final al estilo Pixar, Apple accedió a comprar NeXT por más de 400 millones de dólares, un precio sorprendentemente alto, ya que NeXT era una compañía con diez años ya de andadura, sin beneficios y con unas ventas de apenas 47 millones de dólares, una cifra que Apple había alcanzado en su tercer año de existencia. Sin embargo, Apple estaba comprando algo más que software; se traía a Steve Jobs, su visionario fundador, que aceptó trabajar como consejero de Amelio.

En el aspecto financiero, a Jobs le fue bien, sin duda: por su parte de propiedad de NeXT recibiría 130 millones de dólares en efectivo y 1,5 millones de acciones de Apple con un valor estimado de 22,5 millones de dólares. El resto del dinero iría a parar a los demás accionistas de NeXT.

A comienzos del mes de enero, Amelio y Jobs aparecieron en la gran convención Macworld de San Francisco, una conferencia que por aquel entonces reunía dos veces al año a los mayores fans del Macintosh para compartir ideas y ver novedades. Más de cuatro mil personas entre desarrolladores de software, usuarios, educadores, profesionales y otros se agolparon en un salón de actos para presenciar la charla. Con unas ventas en franco declive, lo que buscaban era alguna buena noticia.

Amelio, que había despreciado la oportunidad de preparar su discurso, comenzó a divagar, y su perorata se alargó mucho más allá del tiempo que tenía asignado. Finalmente, presentó a Steve Jobs.

Cuando entró en el escenario, los fans del Macintosh se pusieron en pie de un salto y empezaron a dar voces. Entre los flashes de las cámaras, recibieron a su pródigo fundador con una larga ovación. «El regreso de Elvis no habría provocado una sensación mayor», escribió el periodista Jim Carlton. En una presentación breve y concisa, Jobs demostró cómo NeXT les daría una nueva energía a aquellas máquinas anticuadas.

Tras la conferencia, Jobs y Amelio mantuvieron el contacto con regularidad y, en febrero, dos de los lugartenientes de Jobs fueron trasladados a puestos en lo más alto. Para entonces, Steve ya había decidido que Amelio, igual que Sculley antes que él, era un bozo.

Aunque con el tiempo el software de NeXT ayudaría a Apple a rejuvenecer sus computadoras, llevarlo a cabo sería una tarea de varios años. Mientras tanto, los problemas de Apple continuaban creciendo, sus clientes dejaban de lado sus productos, y los números rojos eran constantes, tanto como para llegar a alcanzar los 1.500 millones de dólares en pérdidas. Mucha gente creyó que la catástrofe estaba cerca.

Jobs comenzó a perder la paciencia. En junio de 1997 vendió el millón y medio de acciones que había recibido a cambio de NeXT a un precio de unos 15 dólares por acción, y se volvió a quedar, nuevamente, con una de ellas.

«Había dado ya por perdida toda esperanza de que el consejo de administración de Apple fuera a hacer algo», diría.

Tendría que haber esperado. Quizá espoleado por la tan categórica afirmación de Jobs acerca de Amelio, el consejo de administración de Apple decidió que ya había tenido bastante. Gil Amelio fue destituido como consejero delegado a primeros del mes de julio de 1997. El papel de consejero de Steve Jobs se vio ampliado.

Aquel día, los más altos ejecutivos de Apple fueron convocados a una sala de reuniones. Amelio compareció ante el grupo y les dijo: «Ha llegado el momento de que yo siga mi camino». Les deseó lo mejor y se marchó.

Apenas unos minutos después, Jobs entró en la sala y se sentó. Vestía pantalones cortos, zapatillas de deporte y lucía barba de varios días. «Muy bien, díganme ahora qué es lo que va mal aquí», le preguntó al grupo. Unos pocos le ofrecieron sus respuestas.

Steve fue directo al grano:

«¡Son los productos! —afirmó—. ¿Y qué es lo que les pasa a los productos? —más respuestas en un susurro. Steve cortó el murmullo de golpe con su propia respuesta—: ¡Que son una MIERDA!».

Casi doce años exactos atrás, el genio había sido expulsado de la compañía que había fundado, levantado, promocionado y amado. Ahora, a los cuarenta y dos años de edad, había vuelto.

No pasó demasiado tiempo antes de que se convirtiera en consejero delegado (CEO en inglés) con carácter interino, un puesto que él llamaría «iCEO» en un guiño a los productos que Apple no tardaría mucho en sacar.

Él nunca dirigió Apple en su primera etapa, ni tampoco había dirigido empresa alguna que se acercara un mínimo al tamaño que había adquirido Apple, y, en particular, no había dirigido ninguna empresa que fuera camino de un fracaso tan épico a pasos tan agigantados. Pero aquel no era ya el mocoso malcriado e impulsivo al que habían despedido. Aquel padre de tres hijos había aprendido alguna que otra cosa.

Continuaba siendo intenso y apasionado, y aún era dolorosamente capaz de ser duro y descarnado. Todavía era bien capaz de ser mezquino, incluso con sus seres más queridos, pero también estaba aprendiendo a ver de vez en cuando la vida desde otros puntos de vista. Cuando aterrizó en Apple para adelgazarla de unas actividades tan infladas, se encontró por ejemplo con que despedir o mandar a la gente a casa «me resultaba ahora mucho más duro, mucho más difícil».

Lo hizo porque creía que su trabajo se lo exigía, pero según dijo, se dio cuenta de que «ese hombre podía ser yo camino de casa para contarles a mi mujer y a mis hijos que acababan de echarme. O podría ser uno de mis hijos dentro de veinte años. Nunca me había implicado antes de un modo tan personal».

Su fracaso en NeXT al intentar capturar la luz en el interior de una botella por segunda vez le había dado una lección de humildad. En Pixar, donde había sido más un banquero que un jefe, aprendió a dejar el arte para los artistas… y algo más.

Al principio, contaba Pamela Kerwin, vicepresidenta de Pixar, Jobs dominaba las reuniones, interrumpía a la gente para decir: «Muy bien, así es como yo veo las cosas», pero ahora, proseguía ella, «escucha mucho más, está más tranquilo, es más maduro».

Steve lo veía de otra forma: «Ahora confío más en la gente».

De un modo casi increíble, los puntos habían vuelto a conectar. Steve había sido expulsado de Apple, había puesto en marcha una empresa que pasaba por momentos muy difíciles, y entonces se la vendió a Apple, su primer amor, donde ahora se encontraba al mando. Está claro que nada de esto habría sucedido si no lo hubieran echado.

En su discurso a los alumnos de Stanford, les advirtió de que sin duda alguna también ellos iban a sufrir dolorosos reveses.

«A veces la vida te pega una pedrada en la cabeza. No pierdan la fe», les aconsejó. La decisión más importante que tomó él fue la de seguir siendo fiel a lo que amaba, dijo, ya fuera el trabajo, o la persona con quien compartes tu vida.

Si aún no habían encontrado ese amor, les dijo, «sigan buscándolo hasta que lo encuentren. No se conformen».

En los años venideros, Jobs afrontaría retos y crisis que no sería capaz siquiera de imaginar, pero no se conformaría jamás con hacer algo que no amara realmente.

No obstante, lo que sí hizo fue empezar en su nuevo puesto de trabajo en Apple con un acuerdo de lo más inusual: zanjando una rivalidad que venía de muy lejos.

El uniforme de Steve

Desde finales de los años noventa y hasta el final de su vida, lo normal era ver a Steve Jobs vestido siempre igual: con una camiseta negra con un falso cuello vuelto, unos jeans Levi's y sus famosas zapatillas deportivas New Balance.

Él diría que, en un principio, se había inspirado en un viaje que hizo en los años ochenta a la Sony, el gigante japonés de la electrónica de consumo, donde todo el mundo llevaba uniforme. Allí le explicaron que, tras la Segunda Guerra Mundial, muchos trabajadores no tenían ropa, de modo que los empresarios idearon los uniformes para que así tuvieran algo que ponerse. Con el paso del tiempo, esos uniformes serían un vínculo del trabajador con la empresa.

A Jobs se le ocurrió que la idea del uniforme sería genial para Apple, pero su plantilla norteamericana desechó de inmediato la propuesta.

Aun así, se había hecho amigo del diseñador de moda Issey Miyake, que había ideado algunos de los uniformes de Sony, y le pidió que le hiciera unas camisetas negras de cuello alto que le gustaban. «Me hizo, no sé, unas cien», contaba Steve al biógrafo Walter Isaacson mientras le mostraba un montón en su armario.

Aquella camiseta y los jeans (sin cinturón, por favor) se convirtieron en el atuendo principal de Jobs, que a veces se ponía unos pantalones cortos con muchos bolsillos y unas sandalias, o iba descalzo. Esa rutina hizo de la tarea de vestirse cada día algo excepcionalmente sencillo, al tiempo que conformaba la imagen personal de Steve Jobs de cara al mundo.

La imagen de Bill Gates domina el escenario mientras Steve Jobs anuncia un acuerdo para que Microsoft invierta en Apple.

16

Diferente

Mucho antes de que existiera una forma de expresarlo en palabras, Steve Jobs y Bill Gates eran ya enemigos cordiales, pero Apple se encontraba ahora en una encrucijada crítica y Jobs tenía que dejar de lado sus diferencias.

Ambos compartían una larga y compleja historia. Los dos nacieron en 1955, y alcanzaron la fama a los veintipocos años, Steve con las computadoras personales y Bill con el software. Muy al comienzo, Microsoft elaboró un programa fundamental para el Apple II, y creó inicialmente su hoja de cálculo Excel para el Macintosh. Con esto, Microsoft puso en marcha su negocio de software complementario. Aún solteros y cerca de cumplir los cuarenta, Bill y Steve llegaron incluso a salir en algunas citas dobles.

Gates veía las computadoras personales como algo que haría que se llevaran mejor los negocios. Jobs las veía como una «herramienta notable» capaz de hacer mejorar al ser humano. Bill es un hombre práctico y metódico, siempre dispuesto a lanzar un producto aceptable al mercado para ir mejorándolo después. Steve era emocional y volátil, y no lo sacaba hasta que su obra era perfecta.

Jobs, elegante y carismático, fue el primero en llegar a ser millonario y se convirtió en el rostro de la revolución tecnológica. Sin embargo, una vez que Microsoft hubo salido a bolsa, las acciones de Gates volaron tan alto y tan rápido que muy pronto se contó entre los más ricos de los Estados Unidos. A veces, el uno deseaba lo que tenía el otro: a Gates, el verdadero obseso informático, le molestaba que Jobs ni siquiera supiera programar y aun así fuera considerado un visionario deslumbrante de la tecnología; y a Jobs, que era un negociador implacable y un ejecutivo exigente, le molestaba que Gates estuvieramejor considerado como experto hombre de negocios.

Mantuvieron también una larga y desagradable disputa sobre si Gates y Microsoft se habían apropiado de las partes más ingeniosas del Macintosh para incorporarlas al sistema operativo Windows. Apple peleó años en los tribunales con Microsoft por este tema, pero perdió.

En ocasiones, el uno era abiertamente malicioso con el otro. Aunque Gates reconocía de forma explícita su buena opinión del Macintosh, se mofaba de lo que Jobs había hecho en NeXT. Cuando le preguntaron si Microsoft desarrollaría software para aquel equipo, respondió: «¿Que si voy a desarrollar para eso? Le voy a mear encima».

Steve se mostró casi igual de crítico con el éxito de Gates. En una entrevista de *Rolling Stone* en 1994, después de que Bill Gates fuera reconocido como el hombre más rico de los Estados Unidos, le preguntaron a Jobs qué sentía al ver a Gates lograr tanto éxito con un software que había imitado el de Apple. «Ya sabes —respondió—, el objetivo no es ser el hombre más rico del cementerio. Nunca lo ha sido».

Algunos años después, en una entrevista en televisión, fue de una contundencia brutal al describir a Microsoft. «Es que no tienen gusto —aseguró—, y no me refiero a pequeña escala. Quiero decir que no tienen gusto a gran escala, en el sentido de que no se les ocurren ideas originales y que no aportan cultura a sus productos». Jobs reconoció que, en su mayor parte, Microsoft se había ganado su éxito, pero, añadió, «el problema lo tengo con el hecho de que hacen productos de tercera categoría».

Tras la entrevista se disculpó con Gates, y le dijo que nunca debió haber compartido su opinión en público. Eso sí, a continuación le contó a un periodista que Gates era «un poco cerrado» y que habría sido una persona más abierta si se hubiera «ido a un *ashram* cuando era joven».

A finales de la década de los noventa, los fieles propietarios del Mac de Apple habían llegado a ver a su compañía como un Luke Skywalker frente al Darth Vader de Microsoft en la batalla por la calidad y la facilidad de uso de sus productos. Aun así, las ventas del Macintosh se hundían como piedra en el agua, y su nuevo sistema operativo seguía en el aire, de forma que Microsoft decidió no comprometerse a continuar desarrollando sus populares programas Excel y Word para el Mac, ya que requería un software distinto que los de Windows. Esto no ha cambiado, si bien tiene menos importancia ahora que tanto contenido llega a través de Internet.

El software de Apple era un buen negocio para Microsoft, pero no un negocio crucial; sin embargo, sin los productos de Microsoft, la «manzana» se pudriría de forma casi literal.

Uno de los primeros movimientos de Jobs tras la marcha de Amelio fue llamar a Gates. «Voy a darle la vuelta a esto —le dijo, y fue franco—: Necesito ayuda».

Con unas negociaciones que incluyeron un largo paseo de un ejecutivo financiero de Microsoft con un Steve Jobs descalzo, las dos partes alcanzaron un acuerdo rápidamente. Microsoft continuaría haciendo su software para el Mac y pagaría una suma de dinero que no se hizo pública para solventar las disputas aún activas sobre las patentes. Además, Microsoft invertiría 150 millones de dólares en Apple.

Para mayor teatralidad, Jobs planificó hacerlo público en un anuncio durante la convención estival Macworld en Boston. Durante los ensayos, Jobs terminó de cerrar los últimos detalles del acuerdo con Gates a través del móvil. Un fotógrafo oyó de lejos sus palabras de agradecimiento, que se convertirían en la portada de la revista *Time*: «Bill, gracias por tu apoyo a esta compañía —le dijo—. Creo que el mundo es ahora un lugar mejor».

La masa de fieles seguidores de la Macworld estaba entusiasmada por ver a Steve Jobs una vez más... hasta que Jobs comenzó a develar los detalles del acuerdo con Microsoft. No se quedaron muy convencidos cuando les contó que la época de la «competencia entre Apple y Microsoft se había acabado». Protestaron cuando Jobs les expuso que el Internet Explorer de Microsoft sería el navegador predeterminado que incluiría el Mac, y cuando el rostro petulante de Bill Gates apareció en la enorme pantalla del auditorio, el público rompió en abucheos y silbidos.

Más adelante, Steve admitiría que había hecho trampa con aquella escenificación, que él y Apple aparecían empequeñecidos frente a la imagen gigante de Gates. Bill, por su parte, reconocería haberse sentido avergonzado al ver su enorme cara en pantalla en un video. Con todo, el caso es que el mensaje había sido claro: Microsoft hacía una inversión insignificante para una compañía de su tamaño, pero con ella le decía al mundo que creía que Apple seguiría en pie en el futuro. Y Wall Street se dio por enterada. Las acciones de Apple se dispararon al día siguiente, cuando los inversores llegaron a la conclusión de que, en efecto, aquella compañía tenía alma de superviviente.

Si bien Jobs no sería oficialmente consejero delegado con carácter interino hasta pasadas unas semanas, no perdió un segundo y realizó unos cuantos movimientos radicales más. Con su cara dura aún intacta, le pidió a la mayor parte del consejo de administración que renunciara, incluido Mike Markkula, el inversor original, que había formado parte de la compañía desde el principio. Los miembros antiguos se vieron sustituidos por consejeros que veían el mundo del mismo color que Steve Jobs, empezando por su amigo Larry Ellison, al frente de la empresa de software Oracle, y Bill Campbell, antiguo ejecutivo de marketing de Apple que ahora dirigía otra compañía de software.

De puertas adentro, Jobs continuó con los esfuerzos de Amelio por recortar costos drásticamente para mantener la empresa a flote. Descartó el negocio de impresoras de Apple y finiquitó un dispositivo portátil llamado Newton. Estudió la inflada línea de la marca y dibujó una tabla de dos por dos en una pizarra. Apple desarrollaría cuatro productos principales y se acabó: una computadora de escritorio y otra portátil para el entorno profesional y otra pareja de escritorio y portátil para el mercado doméstico.

Impuso nuevas normas en la sede de la empresa, como prohibir que los empleados se llevaran el perro al trabajo. Jobs, vegano que desayunaba avena con jugo de manzana, sustituyó al personal de la cafetería, incluso, porque decía que servían «comida para perros». El tofu comenzó a asomarse por el menú.

Aunque Apple no tendría productos nuevos o un sistema operativo verdaderamente nuevo en una buena temporada,

Steve sabía de forma instintiva que tenía que cambiar el modo en que el mundo —e incluso sus propios empleados— veían a su criatura. Igual que había recurrido una vez más a su viejo colega Gates, recurrió también a la gente que le había hecho el anuncio «1984» del Macintosh para que volvieran a obrar su magia.

Jobs no quería promocionar ningún producto. Más bien, lo que deseaba era poner al descubierto los valores de la compañía del mismo modo en que Nike homenajeaba al deporte y a los deportistas sin mencionar siquiera sus zapatillas. «Nuestros clientes quieren saber quién es Apple, qué es lo que representamos, cómo encajamos nosotros en este mundo —explicaba en una reunión, vestido con su típico atuendo de camiseta negra con el falso cuello vuelto, pantalones cortos y sandalias—. Lo nuestro no consiste en hacer cajas para que la gente haga su trabajo, aunque eso lo hagamos bien —decía—. Apple consiste en algo más que eso».

El equipo de publicistas, que ahora se llamaba TBWA\Chiat\Day, llegó a la conclusión de que Apple no seguía las mismas reglas que seguían otros. No era igual que otras compañías. Se les ocurrió un eslogan en un tiempo bastante breve: «Think Different».

¿Y cómo iban unos anuncios a poner eso al descubierto? Los publicistas probaron con clientes de Apple, clips de video e incluso con ratones. En un golpe de inspiración, decidieron rendir un homenaje a la creatividad, a esa gente tan notable

—vivos y muertos— que había sentido pasión por cambiar el mundo a mejor. Como diría Steve acerca de los que ya no estaban vivos, «de haber utilizado una computadora alguna vez, habría sido una Mac».

Jobs se mostró crítico con el primer borrador, como no podía ser de otra manera, pero llegó incluso a aportar una frase a la versión final del texto poético para el anuncio televisivo, que quedó así:

Va por los locos, los inadaptados, los rebeldes, los problemáticos.

Los que están fuera de sitio, quienes ven las cosas de un modo distinto.

No les gustan las normas, y no sienten el menor respeto por lo establecido. Podrás citarlos, estar en desacuerdo con ellos, glorificarlos o vilipendiarlos.

Y lo único que no podrás hacer es ignorarlos, porque cambian las cosas. Impulsan la humanidad hacia delante.

Y aunque algunos los vean como a unos locos, lo que vemos nosotros es genialidad. Porque aquellos que están lo suficientemente locos como para creer que pueden cambiar el mundo son quienes lo cambian.

Acompañaban el texto imágenes de todo tipo de genios: el científico Albert Einstein, el pintor Pablo Picasso, el reverendo Martin Luther King, Jr., la bailarina Martha Graham, el inventor Thomas Edison, los cantantes Bob Dylan, John Lennon y Yoko Ono, la aviadora Amelia Earhart, el marionetista Jim Henson y muchos otros. El anuncio finalizaba con una pantalla en negro y el eslogan «Think Different» con el colorido logotipo de Apple.

El anuncio de televisión ganaría un premio Emmy, y tanto la campaña televisiva como la campaña en prensa seguirían en marcha de manera efectiva durante cinco años. Esta conmovía a Steve profundamente. Cuando la mostró por primera vez a un periodista de *Newsweek,* se echó a llorar. Se le volvió a hacer un nudo en la garganta al describírsela al biógrafo Walter Isaacson. «De vez en cuando me encuentro en presencia de la pureza (pureza de espíritu y amor) y siempre lloro. Siempre me llega muy hondo y se apodera de mí —decía—. En aquello había una pureza que no olvidaré jamás».

Había otro problemático detalle de no menos importancia: el eslogan iba a producir urticaria a los profesores de lengua inglesa. La frase «Think Different» («Piensa diferente») era gramaticalmente incorrecta; lo apropiado hubiera sido «Think Differently» («Piensa de forma diferente»). Esto constituía un problema en especial para Apple, que vendía más equipos a instituciones de enseñanza y a estudiantes universitarios que ninguna otra compañía.

Jobs y su gente le dieron muchas vueltas al lenguaje. Al final, Jobs quiso que aquel «different» se viera como un sustantivo en lugar de un adjetivo, el mismo uso en inglés que «think

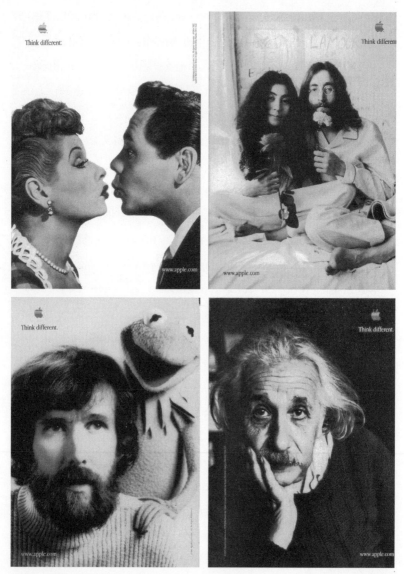

La campaña publicitaria «Think Different» de Apple (tanto en prensa como en televisión) no pretendía vender ningún producto en concreto, sino que ligaba la imagen de marca de Apple a unos individuos extraordinarios por medio de un homenaje a la creatividad.

big» («ten ambición») o «think victory» («ten mentalidad de ganador»). De haber empleado un adverbio como «differently», se hubiera enviado «un mensaje no pretendido. Le diría al lector CÓMO pensar», según rezaba una nota que había preparado el equipo publicitario a modo de respuesta frente a las quejas. En cambio, Apple quería que el eslogan nos dijera «en qué pensar».

Tras recibir la explicación, una profesora de lengua les escribió para decirles que calificaría a la compañía con un sobresaliente por estar «bien preparada».

En cuanto al equipo publicitario, el trabajo había merecido la pena, pero en lo concerniente a Jobs, para poder enderezar de verdad la compañía debía darle al mundo unos productos que demostraran que Apple era capaz, sin duda alguna, de «pensar diferente».

● ○ ○

Bill y Steve en escena

En 2007, durante la conferencia All Things Digital («Todo Digital») del *Wall Street Journal,* Steve Jobs y Bill Gates accedieron a una entrevista conjunta nada habitual, una forma de reunir el Mac y el PC en público. Hacia el final del acto, alguien les preguntó qué habían aprendido el uno del otro.

Aunque las críticas de Jobs hacia el buen gusto de Gates eran célebres, Bill se mostró cordial al citar de su rival «el gusto intuitivo, tanto para la gente como para los productos». Gates afirmó que él enfocaba los productos desde una perspectiva de ingeniería, mientras que Jobs «toma sus decisiones basándose en un sentido de la gente y del producto que, la verdad, me resulta difícil incluso explicar. La forma que tiene de hacer las cosas es diferente, nada más, y me parece mágica».

Jobs, por su parte, aseguró estar impresionado con la capacidad de Microsoft para colaborar con otros. «Dado que Woz y yo pusimos en marcha la compañía con la idea de guisárnoslo todo, no se nos daba muy bien lo de asociarnos con otros —dijo—. Bill y Microsoft eran muy buenos en eso porque no lo hicieron todo desde un principio, y aprendieron a aliarse con otros verdaderamente bien».

A Apple le habría venido bien ser un poco mejor en ese aspecto, concedió.

También les preguntaron a los dos acerca del mayor malentendido de su extensa relación.

Gates contó que se lo había pasado muy bien trabajando con Jobs en proyectos como el Mac. Steve dijo que, cuando se conocieron y empezaron a hacer cosas juntos, ambos eran por lo general los más jóvenes entre los presentes. Ahora, según él, con frecuencia eran los más mayores.

«Y bueno —prosiguió—, ya sabes que pienso en la mayoría de las cosas de la vida como en una canción de Bob Dylan o de los Beatles, y hay una frase en una de los Beatles que dice: "Tú y yo compartimos recuerdos más extensos que el camino que se abre ante nosotros". Y eso es claramente cierto en nuestro caso».

Steve posa con el iMac, conocido por los colores de su carcasa y una forma triangular única.

17

Vuelco

El tramo final del año 1997 resultó extenuante para Steve Jobs. Terminaba tarde de trabajar, llegaba a casa a las diez de la noche y caía rendido en la cama. Se levantaba a las seis de la mañana, una ducha, y vuelta a empezar.

«Nunca había estado tan cansado en mi vida», confesó.

Estaba llevando a cabo una profunda revisión en Apple sin perder de vista a Pixar, y aquella combinación le dejaba tan exhausto que no podía ni charlar con Laurene al llegar a casa. Afortunadamente, ella lo entendía.

«Me apoyó y mantuvo unida a una familia que tenía un padre ausente», dijo Steve.

Más llamativo aún resultaba que Jobs estuviera dirigiendo la compañía sin cobrar un sueldo. Accedió a recibir un salario de solo 1 dólar anual, lo justo para que su familia tuviera derecho al seguro médico. Solo poseía una acción, y no recibió ningún otro tipo de pago compensatorio o de participación. Le decía a la gente que él no quería nada más.

«Lo esencial es que yo no regresé a Apple para amasar una fortuna —dijo, aunque por supuesto él ya valía una fortuna gracias a Pixar—. Únicamente quería ver si éramos capaces de trabajar juntos para darle un vuelco a la situación».

Muchos en la industria se mostraban escépticos acerca de que Apple tuviera arreglo. Cuando Jobs se hizo con el mando, la empresa estaba quedándose sin liquidez y parecía ir de cabeza a la bancarrota. Casi todo el mundo compraba computadoras con chips Intel y software Windows, y Hewlett-Packard y Dell Computer crecían a pasos agigantados vendiendo máquinas anodinas y de bajo costo. El mercado se guiaría tanto por los precios, que incluso IBM llegaría a vender su división de PC.

En una conferencia le preguntaron al fundador de Dell Computer, Michael S. Dell, qué haría él si fuera Steve Jobs. Fue muy directo: «Cerraría y les devolvería el dinero a los accionistas».

Steve, sin embargo, fiel a su primera visión de Apple, creía que la belleza y el arte cabían entre tanta tecnología y tanto comercio. Con sumo placer dejó que Dell, Hewlett-Packard y otros se apoderaran del enorme y aburrido mercado de los empleados de cubículo y los memos de los departamentos técnicos mientras él se centraba en los individuos. «Las raíces de Apple consistían en fabricar equipos para la gente, no para las corporaciones», diría.

Por mucho que nadie se hubiera labrado con éxito un mercado solo para la gente, él no veía por qué Apple no podía conseguirlo. Al fin y al cabo, decía, Gap era un negocio de gran éxito al por menor, y no vendía trajes de ejecutivo.

Para comenzar a trabajar en un nuevo Macintosh, Jobs recurrió al diseñador jefe de Apple, Jonathan Ive, conocido como Jony (y pronunciado igual que «Johnny»). Jobs pidió un equipo que recordara mucho al Macintosh de 1984: tenía que ser fácil de usar, contar con pantalla y teclado, que se pudiera utilizar nada más desembalarlo y que costara menos de 2.000 dólares, para ser así la máquina más barata de toda la línea de productos de Apple.

Tras un par de intentos rechazados por el jefe, de Ive ideó una carcasa más parecida a un cojín triangular que a un cubo. Al meter tanto la computadora como el teclado en una carcasa de plástico translúcida que enseñaba sus tripas al mundo, todo el conjunto transmitía un aire alegre y atractivo. El equipo se trasladó a una fábrica de caramelos para aprender más sobre los colores translúcidos, y se decidió por un verde azulado para la computadora, si bien luego añadirían a la saga otros tonos de colores con pinta de caramelos.

Jobs estaba emocionado con su flamante creación, que él veía como la esencia del diseño grandioso. La mayoría de la gente, decía, entiende el diseño como el aspecto que tiene

iCandy.

Think different.

Los brillantes colores translúcidos del iMac fueron el resultado de la inspiración recibida durante la visita a una fábrica de caramelos. La campaña publicitaria «iCandy» (iCaramelo) aludía a esto y le recordaba al consumidor que aquel equipo era diferente: más bonito, más fácil de usar y más divertido.

algo, como «la tela de las cortinas y el sofá», pero para él, «el diseño es el espíritu fundamental de una creación humana que termina por expresarse en sucesivas capas externas del producto o servicio». No es el aspecto que tiene un producto, o la impresión que causa, sino cómo funciona realmente, sostenía Jobs. De manera que la nueva máquina no consistía «solo en el color, la translucidez o la forma de la carcasa. La esencia del iMac reside en ser el producto de consumo más refinado posible en el cual se integra cada uno de sus elementos para formar un todo».

Los ingenieros de Apple, sin embargo, no quedaron impresionados con unos pensamientos tan filosóficos. «Me expusieron treinta y ocho razones» por las que el diseño no funcionaría, recordaba Jobs, pero él era el «iCEO» e insistió en que se podía hacer, y se haría. Y así fue.

Se suponía que la *i* del nuevo iMac se refería a Internet, pero hacía también referencia a «individualidad, instrucción, información, inspiración».

Aunque el último modelo de Jobs era perfecto ante sus ojos, tenía ciertas rarezas. Venía con un mouse que tenía la forma de un disco para jugar al hockey sobre hielo y que con el tiempo sería reemplazado por algo más tradicional. Jobs descartó la disquetera, el medio más habitual en aquella época para hacer copias de seguridad o para compartir archivos y, en consecuencia, el comprador tenía que adquirir una unidad de disquete externa por separado. Se agarró una rabieta de primera cuando descubrió que el CD-ROM tenía una bandeja que salía hacia fuera en lugar de una ranura elegante como las que tienen los reproductores de los coches hoy en día. Tras llegar prácticamente a amenazar con retrasar la salida del producto, obligó al ejecutivo encargado de la producción a prometerle que las futuras versiones no tendrían bandeja.

Mientras la nueva computadora cobraba vida, tenía algunas buenas noticias que contar a los amantes de Apple. En enero, en la Macworld de invierno, le contó al público que había varias mejoras del sistema operativo en camino, al igual que nuevo software para el Mac procedente de Microsoft. A continuación, en lo que sería una jugada clásica de Steve Jobs, se guardó lo mejor para el final.

«Ah, y una cosa más...», dijo. Tras meses de pérdidas, Apple haría público que obtendría beneficios al término del trimestre que acababa de finalizar en diciembre, los primeros rayos de esperanza de un vuelco. Todo aquel recorte de costos había ayudado a situar la compañía una vez más sobre suelo firme.

Los siguientes rayos de sol saldrían en mayo de 1998, cuando Steve Jobs presentó oficialmente el nuevo y colorido iMac de 1.299 dólares ante una multitud que incluía a Wozniak, Markkula y muchos de los miembros del equipo original del Mac. En una vuelta a su primera presentación del Macintosh, Steve se puso un traje en lugar de la camiseta negra, y retiró una tela para mostrar aquella computadora tan adorable en cuya pantalla se leía: «Hello (again)».

«Parece como si viniera de otro planeta… de uno bueno —dijo—. Uno con mejores diseñadores».

Las críticas describían la máquina como un objeto festivo, divertido y abrazable. A los compradores les encantó, y en las primeras seis semanas tras su puesta a la venta en el mes de agosto, Apple vendió cerca de trescientos mil iMacs, el arranque más veloz de un modelo nuevo. Las acciones de Apple volvieron a subir, y su valor alcanzó un nivel casi tres veces superior al que tenían cuando se marchó Amelio.

Mejor aún: un estudio reveló que casi tres de cada diez compradores del iMac no habían tenido nunca una, y que más de uno de cada diez cambiaba al iMac desde una computadora de Windows. El momento era perfecto: más y más gente estaba deseando descubrir las posibilidades de Internet y unas innovaciones en expansión tales como el e-mail, el servicio de mensajería instantánea de America Online y los incipientes comercios electrónicos de tiendas como Amazon y eBay.

Después de vender casi dos millones de iMacs durante el primer año que estuvo a la venta, Apple sacó al mercado a mediados de 1999 computadoras portátiles de colores que denominó iBooks. Jobs se jactó también de cómo Apple había adoptado una nueva tecnología llamada Wi-Fi, que permitía al usuario conectarse a Internet sin cables.

Para hacerle una demostración de aquella Internet inalámbrica al periodista Steven Levy, de *Newsweek,* Jobs agarró uno de sus portátiles y lo sostuvo como un camarero que balancea una bandeja con objeto de ilustrar cómo podía desplazarse por la habitación sin desconectarse. «Jobs estaba bailando, literalmente, meneando las caderas en un alegre mambo alrededor de la mesa de reuniones», escribió Levy.

«¿No es por esto, acaso, por lo que nos metimos en este negocio en un principio? —le preguntó Jobs—. ¡Mira lo que estamos haciendo!».

Levy reconocería que, en efecto, aquel era el mejor *showman* de Silicon Valley, pero también «el mayor seguidor "ultra" de Apple».

Un año después, Steve Jobs hizo una apuesta todavía más arriesgada al presentar una carcasa sólida y cúbica de color negro que parecía más una escultura que una computadora. Con sus reminiscencias del NeXT, el Power Mac G4 Cube tenía un precio también más propio de una escultura, en tanto que rondaba los 3.000 dólares con monitor y teclado, e iba dirigido a aquellos usuarios que deseaban algo más que un equipo doméstico.

Jobs habría madurado, pero no se había moderado mucho, no. Seguía aparcando en las plazas de minusválidos, y su Mercedes aún carecía de matrícula, algo que, al parecer, le evitaba el recibir las multas de estacionamiento. «No es más que un pequeño juego», confesó a la revista *Fortune*. En conversaciones privadas compartía cuánto le gustaba que su hija pequeña, Eve, nacida en 1998, le dijera ya adiós con la mano cuando él se marchaba a trabajar, y a continuación añadía que no dejaba que sus hijos vieran la tele porque eso podría embotar su creatividad.

Seguía yendo de Apple a Pixar como una pelota en un frontón, pero de un modo menos frenético. Pixar había conseguido un segundo éxito con *Bichos* en 1998, y *Toy Story 2* sería el bombazo de las vacaciones navideñas del 99, con una recaudación mundial en taquilla entre ambas superior a los 800 millones de dólares. Aunque tenía menos de lo que preocuparse que antes, Steve se levantaba a las seis, respondía e-mails y trabajaba antes de que se levantaran los niños, después colaboraba con el desayuno y la rutina de la marcha a los colegios. Cuando podía, trabajaba otra hora más desde casa y aterrizaba en Apple entre las ocho y las nueve de la mañana. Durante el almuerzo podía atender un buen montón de llamadas de teléfono y e-mails de Pixar y, al final del día, haberse encargado de cientos de mensajes más, muchos de ellos procedentes de clientes del Mac que querían compartir sus opiniones con su consejero delegado.

En medio de todo aquel gran salto hacia delante, Steve tomó una decisión vital. Salió a dar un paseo con su mujer y le contó cómo Apple podía ser la base que le permitiera hacer lo que él deseaba. Estaba listo para eliminar el término «interino» de su cargo y convertirse en el consejero delegado de Apple con todas las de la ley y a tiempo completo. Le dijo que pensaba quedarse otros cuatro o cinco años.

El consejo de administración le había estado animando para que lo hiciera y, para ayudarle a decidirse, lo tentaron con una oferta de opciones de compra sobre catorce millones de acciones de Apple. Estas «opciones sobre acciones» o *stock options,* un beneficio extra muy común entre los ejecutivos y algunos empleados, suelen permitir al poseedor comprar en el futuro acciones al precio actual. De esta forma, por cada dólar que subiera el valor de mercado de las acciones de Apple, Jobs estaría ganando un beneficio de 14 millones de dólares.

Sin embargo, y a pesar de su anterior insistencia en que él no estaba en Apple para hacerse rico, Steve Jobs quería más. «Lo que de verdad necesito es un avión con el que poder llevar a mi familia de vacaciones a Hawái», les dijo. Odiaba tomar vuelos comerciales, en especial con tres niños pequeños.

El consejo accedió a comprarle un Gulfstream V, un jet con capacidad para dieciséis personas. El regalo le costó a Apple 88 millones de dólares, incluidos los impuestos que pagó en nombre de Jobs, un bonito presente por dos años y medio de un trabajo increíble.

Además de eso, Jobs pidió opciones de compra sobre veinte millones de acciones, más aún de lo que le habían ofrecido. En última instancia, el consejo aceptó hacerle dos concesiones: una cierta cantidad de acciones que podía vender de inmediato con algún beneficio, y otra cantidad que podría vender más adelante. Aunque no recibiría todas las acciones de golpe, *Fortune* valoró el paquete accionarial en unos 381 millones de dólares. Incluso teniendo en cuenta todo lo que había hecho, aquello era una paga increíblemente generosa.

En la convención Macworld del año 2000, Steve Jobs anunció a la multitud que Apple pronto presentaría un nuevo sistema operativo basado en el software de NeXT que había adquirido. Otra vez, se dejó lo mejor para el final. Cuando le dijo a público que eliminaba el término *interino* de su cargo, los asistentes se pusieron en pie de golpe y corearon: «¡Steve, Steve, Steve!».

Con una sonrisa, Jobs aceptó la ovación, pero señaló que él formaba parte de un equipo. «Acepto su agradecimiento en nombre de todo el mundo en Apple», añadió.

Por desgracia, el equipo de Apple pronto andaría a tientas. El iMac, que tanto éxito había tenido, comenzó a estancarse. El llamativo y elegante Apple Power Mac G4 Cube, presentado en el verano del año 2000, era demasiado caro. En los primeros meses, solo había conseguido vender la mitad de las unidades previstas, y a continuación, las ventas se hundieron. No tardarían mucho en meter el Cube en la nevera: el primer gran fracaso de Steve Jobs tras su regreso.

La tienda Apple de la Quinta Avenida, en Nueva York.

Llegados a 2001, la economía se iba ralentizando, se iban enfriando las tecnológicas que antaño estaban al rojo vivo, y Apple volvía a perder dinero. Una vez más, los críticos advirtieron de la posibilidad de que no hubiera lugar para una compañía que era tan diferente.

Al mismo tiempo, Steve Jobs daba vueltas a la idea de llevar a Apple a un negocio totalmente nuevo. A las grandes tiendas de productos informáticos y de electrónica no se les estaba dando nada bien vender unos productos tan singulares como los suyos, y tampoco era probable que le fueran a dedicar una gran atención.

«Me empecé a asustar —diría Jobs—. Fue como un "tenemos que hacer algo"».

No obstante, meterse en el negocio de la venta al por menor constituía una jugada muy arriesgada. Steve pidió a Millard *Mickey* Drexler, por entonces director ejecutivo de Gap, que se uniera al consejo de administración de Apple, y este se dedicó a tentar a Ron Johnson, de la cadena Target, para que diseñara las tiendas Apple. A sugerencia de Drexler, se construyó una tienda piloto para ver lo que quedaba mejor.

A Johnson se le ocurrió la idea de la Genius Bar, un mostrador de atención al cliente muy similar a la recepción de un hotel, para echar una mano a quienes parecían perdidos, confusos o necesitados de ayuda.

Al igual que en el caso de tantos otros productos de Apple, Steve Jobs estaba preparándose ya para el lanzamiento de la primera tienda Apple cuando Johnson cayó en la dolorosa cuenta de que la tienda piloto se había organizado por productos, pero los clientes de Apple tomaban sus decisiones basándose en lo que podían hacer con aquellos productos, es decir, si iban enfocados a la edición de vídeo, a entretener a sus hijos o a otra cosa. El rediseño de la tienda retrasaba el lanzamiento varios meses, diría Jobs, «pero se veía que era la decisión correcta a un millón de kilómetros de distancia».

Las dos primeras tiendas minimalistas, una en Tyson's Corner (Virginia) y la otra en Glendale (California), abrieron en la primavera de 2001.

Ahora bien, sin productos espectaculares, Steve Jobs tendría muy poco que vender.

El embalaje

Ningún detalle era lo bastante pequeño como para que Steve Jobs no se agobiara al respecto.

Además de exigir productos bellos y bien diseñados, exigía unos embalajes bellos y bien diseñados. El diseñador jefe de Apple (Jony Ive) y él se obsesionaban con el tipo de cierre perfecto para unas cajas que habían de contar con unas ranuras del tamaño preciso. El producto tenía que salir de la caja de una manera emocionante. Un iPhone o un iPod habían de descansar cargados de dramatismo en su envoltorio de plástico.

«El embalaje puede ser teatro. Puede contar una historia», diría Ive.

Es más, entre las patentes que ambos comparten se encuentran los diseños de varias cajas del iPod y el iPhone. En conjunto, el nombre de Steve Jobs aparece en trescientas trece patentes de Apple, que van desde cierres, estampados y cables de alimentación hasta aquella escalera de cristal con tanto estilo.

Es tal la elegancia de las cajas, que algunos fans no son capaces de separarse de ellas y las guardan en armarios o las exhiben en sus estanterías. No es difícil, incluso, encontrar galerías fotográficas online donde algún orgulloso propietario muestra cómo desembala su última compra de Apple.

Steve dijo haber empezado a prestar atención a los embalajes cuando Mike Markkula, su mentor y primer inversor en Apple, le dijo muy al principio que la gente «Desde luego que juzga un libro por su cubierta», y que una presentación mala o descuidada afearía el más maravilloso de los productos.

«Cuando abres la caja de un iPhone o un iPad, queremos que esa sensación al tacto marque el tono de tu percepción del producto —dijo Jobs—. Eso me lo enseñó Mike».

Un ejemplo del meticuloso embalaje de los productos de Apple: aquí vemos el del iPhone 4.

Steve Jobs durante una de sus presentaciones delante de uno de los icónicos anuncios del iPod.

18

Música

A mediados del año 2000, Steve Jobs tenía otro gran problema en sus manos. Apple había estado desarrollando un software maravilloso que permitiría a los usuarios del Mac editar con facilidad sus propios videos y retocar sus fotografías.

Sin embargo, no era eso lo que querían sus clientes. Lo que sus clientes querían era poder hacer sus propios discos compactos de música.

Las ventas del iMac se habían frenado en parte porque estos no llevaban una unidad capaz de grabar CD. ¿Que por qué? Pues porque las primeras grabadoras de CD tenían aquellas horribles bandejas que tanto disgustaban a Steve, de modo que no había una forma fácil de modificar el iMac.

Por otra parte, Jobs se había perdido la revolución que estaba teniendo lugar en la música. Los jóvenes —más o menos de la misma edad que tenían Wozniak y él cuando montaron el primer Apple— habían descubierto cómo compartir los archivos digitales de música e intercambiaban millones de canciones sin pagar por ellas. Un pequeño advenedizo de nombre Napster estaba poniendo el negocio de la música patas arriba.

Jobs, un hombre que de verdad amaba la música, tuvo su momento «¡Ouh!» de Homero Simpson.

«Me sentí como un imbécil —dijo cuando por fin levantó la vista y vio que había millones de personas haciéndose sus propios CD sin la ayuda de Apple—. Pensé que nos habíamos equivocado. Teníamos que recuperar el terreno perdido».

La movilización de los equipos fue inmediata. Diseñadores e ingenieros se pusieron manos a la obra para dotar de grabadoras de CD a todos los equipos de la compañía, una tarea que se alargaría hasta mediados de 2001.

A continuación, se necesitaría alguna clase de software tipo «jukebox» que ayudara a los amantes de la música a cargar, buscar y ordenar sus CD y otros archivos musicales. Apple no contaba con nada propio, pero un pequeño grupo de antiguos empleados de la marca de la manzana ya había comenzado a hacer software para música. Apple adquirió el negocio, que se llamaba SoundJam, y empezó a imponer sus propias normas de estilo. Las características complejas se eliminaron, los botones se simplificaron y se hicieron más elegantes, y Steve Jobs exigió un cuadro de búsqueda en lugar de pedirle al usuario que escogiera un artista o un álbum.

Movido por lo que veía que estaba sucediendo, Jobs se encontraba dispuesto a anunciar su nueva visión para Apple y para el sector durante la convención Macworld a comienzos del año 2001. La industria estaba a punto de adentrarse en una nueva era, dijo al grupo. La primera ola en el mundo de la informática se había iniciado en 1980, con la creación del software de hoja de cálculo y de procesamiento de texto, que convirtió la computadora personal en una máquina útil. Aquel periodo finalizó a mediados de los noventa, cuando Internet trajo consigo una avalancha de nuevos usos tanto para usuarios individuales como para empresas.

En el nuevo siglo, dijo, las computadoras personales entraban en una tercera era en la que serían «el centro digital de nuestro emergente estilo de vida digital». En lugar de limitarse a constituir una herramienta para hacer números y escribir, estas integrarían a la perfección nuestras fotografías, videos, música, teléfonos y agendas, y así nos permitirían organizar, controlar y editar nuestras vidas digitales.

Para apoyar tal universo, Apple presentaría el software iDVD y iTunes, que ya vendrían instalados en todos sus productos. Aun así, Jobs vio otro obstáculo que había de vencer: ¿de qué serviría tener tanta música en el disco duro, si solo podías escucharla cuando estuvieras sentado en tu mesa?

Sony había vendido unos doscientos millones de Walkman a gente que quería escuchar sus cintas de casete o sus discos compactos por la calle. Cuando Steve Jobs y su equipo llevaron a cabo un estudio de los dispositivos digitales reproductores de música disponibles en el mercado, digamos que sus palabras no fueron demasiado amables a la hora de describirlos. En la mayoría de ellos no cabía más de un CD o dos de música, y solo alcanzaban a funcionar durante un par de horas antes de quedarse sin batería. Y pasar la música costaba un siglo.

Jobs tenía la certeza de que su gente era capaz de hacerlo mejor… y de tener un producto en el mercado para Navidad.

Partía con ventaja; Apple ya disponía de un ingeniosa tecnología denominada FireWire, capaz de transferir archivos de gran tamaño a gran velocidad. Ya lo estaban utilizando los fabricantes de videocámaras para la transferencia de video, pero no se había utilizado aún para la música.

En un viaje a Japón, Jon Rubinstein, subdirector de la división de hardware de Apple, se enteró de que el fabricante de productos electrónicos Toshiba había desarrollado un disco duro minúsculo, de menos de cinco centímetros de diámetro, y que tenía una capacidad de almacenamiento de cinco gigabytes: lo suficiente para guardar mil canciones digitales. Los ingenieros no tenían muy claro qué hacer con él, pero Rubinstein lo supo de inmediato.

«Me volví a por Steve y le dije: "Ya sé cómo hacerlo. Tengo todas las piezas"».

Jobs le dijo que se lanzara por ello y autorizó el empleo de 10 millones de dólares para comprar todos los discos duros que pudiera hacer Toshiba, de manera que solo Apple dispondría de ellos.

Se contrató a un ingeniero experto, se formó un equipo y se empezó a trabajar en la creación del software, en la pantalla y en los chips que requeriría un reproductor de música. Al principio, Steve se reunía con el grupo cada dos o tres semanas, pero una vez fabricados los prototipos, pasaba a verlos todos los días. Y todos los días había cosas que solucionar: no sonaba lo suficientemente alto para sus oídos de cuarenta y seis años de edad, los agudos no eran lo bastante agudos, el menú era confuso, o había demasiados pasos. Steve insistió en poder llegar a una canción en menos de tres clics.

La batería planteó especiales dificultades. Cuanto más tenía que trabajar el disco duro, más rápido se agotaba la batería. Con el tiempo, los ingenieros decidieron que se cargaran varias canciones a la vez en la memoria del reproductor y así se ahorraba más energía. El iPod quedó montado en un tamaño muy cercano al de una baraja de cartas, con una batería capaz de reproducir música durante diez horas.

Igual que había eliminado las teclas del cursor del teclado del primer Mac y la disquetera del iMac, Steve planteó sus extravagantes peticiones: solo quería los botones de AVANCE, RETROCESO y PAUSA, y el equipo tuvo que convencerlo de que añadiera otro de MENÚ. Donde se mantuvo firme fue en el botón de encendido y apagado. Su respuesta fue un simple no. El reproductor tendría que apagarse él solo cuando no se estuviera utilizando.

Para dotar el dispositivo de un aspecto más sustancioso que desechable, Jony Ive lo metió bajo una tapa frontal de color blanco nuclear —un «neutro sorprendente e inconfundible», que diría él— y una trasera de acero inoxidable, e insistió en que los auriculares fueran de color blanco. Otro ejecutivo sugirió la rueda de desplazamiento para moverse con mayor rapidez y facilidad a través de varios cientos de canciones. Tanto los menús como la rueda de desplazamiento se hicieron realidad en una semana.

«En cuanto tuvimos clara la interfaz de usuario, me dije: "Dios mío, esto va a ser increíble"», afirmó Jobs.

Uno de los publicistas sugirió el nombre de Pod («vaina», «cápsula») como en la famosa frase: «Abre la puerta de la cámara de las cápsulas, Hal», de la película *2001: Una odisea del espacio*. En consonancia con el iMac, se convirtió en el iPod.

La agencia publicitaria le vendió a Jobs la idea de utilizar unas siluetas que bailaran, y él, que vio la posibilidad de vender más Macs como respaldo de uso para la música, desvió fondos para la campaña publicitaria del iPod desde la del iMac, una jugada que le permitió gastar muchísimo más que la competencia.

A pesar de la emoción que sentía Jobs, el ambiente en la conferencia de prensa del 23 de octubre de 2001 era bastante apagado. Los ataques contra las torres del World Trade Center en Nueva York y contra el Pentágono en Washington se habían producido apenas unas semanas antes, y la gente no estaba para ir de compras. Se había cerrado el espacio aéreo de manera temporal y se había reabierto con unos niveles muy superiores de seguridad. La vida cotidiana había llegado prácticamente a detenerse.

Aun así, Steve Jobs no levantó el pie del acelerador. En una maniobra destinada a aumentar la teatralidad de la presentación, mostró unas imágenes del frontal y la trasera del dispositivo en una pantalla gigantesca para, acto seguido, sacar el iPod blanco del bolsillo de sus vaqueros. «En este aparatito tan increíble entran mil canciones... y me cabe en el bolsillo», dijo. El público se quedó impresionado... hasta que comentó el precio de 399 dólares, muy alto para un reproductor de música. Un cínico diría más adelante que el nombre del iPod significaba «Idiots Price Our Devices» («los que ponen los precios de nuestros dispositivos son unos idiotas»).

Estaba claro que el iPod era increíble, pero sus ventas no se dispararon al instante de salir al mercado como en el caso del iMac, sino que fue ganando adeptos de manera progresiva, y así, se vendió justo por debajo del millón de unidades en el primer año y medio, por mucho que se añadieran modelos nuevos. Uno de los grandes motivos de esto era que no existía aún una forma buena de conseguir música para el iPod. Napster cerró a finales de 2001 después de perder sus batallas legales con las compañías discográficas.

En la mayoría de los casos, para meter música en el iPod había que importar las canciones de tus propios CD de música, o conseguirlas a través de otro servicio, ilegal con toda probabilidad.

La industria discográfica, que no tenía claro cómo frenar el intercambio gratuito de canciones, ofrecía suscripciones a servicios de contenido musical similares a una emisora de radio: podías escuchar las canciones, pero no te las podías guardar ni conservarlas.

Mientras Jobs trabajaba en encontrar una solución mejor para el problema de la música, Apple se dedicaba también a la preparación de un sustituto del iMac de colores. Por mucho que se hubieran vendido ya seis millones de unidades de ese producto tan simpático, la compañía seguía perdiendo cuota de mercado frente a Windows.

Steve Jobs quería que un producto nuevo sacara buen partido de las nuevas pantallas planas disponibles, de mayor superficie y mejor color que los antiguos monitores. Al igual que en el caso de tantos otros proyectos de Apple, con este hubo que regresar al trabajo sobre la mesa de dibujo, exactamente igual que hubo que reescribir el guión de la primera *Toy Story*. La versión que Ive le entregó en primera instancia consistía en una revisión más esbelta del antiguo iMac.

«No tenía nada de malo —afirmó Jobs—. Estaba muy bien, verdaderamente bien».

Excepto que a él no le entusiasmó.

Invitó a Ive a su casa de Palo Alto y se dieron un paseo juntos entre las hortalizas y los chabacanos que Laurene había plantado cuando adquirieron una parcela adyacente. Steve instruyó a Jony en su visión de las cosas: «Cada elemento ha de ser fiel a sí mismo», le dijo. El antiguo iMac era regordete como un cojín, y el nuevo llevaría una pantalla plana, así que, Steve le preguntó: «¿Para qué ponerle una pantalla plana si luego le vamos a endilgar todo eso en la parte de atrás? ¿Por qué poner de lado una computadora cuando lo que pide es que la pongan horizontal, en contacto con el suelo?».

El nuevo iMac, le dijo Jobs, debería parecerse más a las flores del jardín, «debería parecerse a un girasol».

Y no por casualidad, le daba un aire. La gran pantalla plana quedaba suspendida, sujeta por un cuello cromado adaptable que surgía de lo alto de una base con forma de maceta invertida. Tras dos años de trabajo en el diseño, salió en el año 2002. Y llegado el momento en que su impacto había de empezar a dejar sentir sus efectos, algo más estaba pasando: el negocio de la música por fin alzaba el vuelo.

Tras la presentación del iPod, Steve Jobs puso en marcha una campaña para convencer a las compañías discográficas de que él era capaz de montar un negocio donde hasta los más jóvenes volvieran a pagar por la música que querían… pero esta vez por canciones sueltas y no por discos completos. Dada su condición de persona ajena al sector, se encontró con una oposición inmediata, en especial a su idea de vender las canciones por separado y a 99 centavos cada una (de los cuales, claro está, Apple se quedaría con su parte). Algunos se opusieron por cuestiones artísticas, y otros querían mantener la venta de álbumes completos aunque la mayoría de los compradores solo quisiera escuchar unas canciones, pero lo cierto era que ya hacía tiempo que la situación se les había ido de las manos. La gente estaba desmenuzando los discos y haciendo sus propias recopilaciones.

Muy pronto quedó de manifiesto que Jobs tenía algo que ofrecer, algo que los demás no tenían: él tenía el «aparato al completo», tal y como a él le gustaba llamarlo. Cada discográfica contaba solo con sus artistas y sus discos, y las compañías de software solo tenían sus programas de reproducción de música tipo «jukebox». Pero Apple podía ofrecer el *pack* completo: un software fácil de usar, un elegante iPod y una tienda para descargar la canción que uno quisiera oír y que estuviera perfectamente integrada con el software.

Para preservar la legalidad del procedimiento de descargas, ofreció una serie de protecciones que permitían a los amantes de la música reproducir sus canciones en varios equipos y iPods registrados a su nombre, pero no podían enviar por e-mail sus compras, ni transferirlas de un iPod a una computadora (para evitar así que se compartieran las colecciones de música entre los amigos), ni tampoco podían copiar canciones de la computadora de otra persona. «Robar es corrosivo para la forma de ser de uno. Queremos proporcionar una alternativa legal», declaró Jobs a la revista *Rolling Stone.*

Steve presionó a un ejecutivo tras otro con el objeto de ganarlos para la causa, se dirigió también a los artistas, de Bono a Sheryl Crow o al rapero Dr. Dre. Suplicó a Irving Azoff, mánager de los Eagles, con el fin de que animara al grupo de rock a darle permiso para vender sus canciones. Uno por uno, todos subieron a bordo.

A finales de abril de 2003, Steve Jobs presentó la tienda iTunes para los usuarios de Mac, con cerca de doscientas mil canciones disponibles y más que estaban en camino. La previsión de Apple era vender un millón de canciones en seis meses; vendió su primer millón de canciones en seis días, y ya nadie volvería a mirar al pasado.

En resumen, el trío formado por el software iTunes, el reproductor iPod y la tienda iTunes capturaba a la perfección y en un paquete cohesivo todo lo que mejor sabían hacer en Cupertino: «Combina la increíble base tecnológica de Apple con su legendaria facilidad de uso y su diseño espectacular —dijo Jobs—. Todas esas cosas coinciden aquí, y es como decir, a esto nos dedicamos nosotros».

Apple abrió la tienda iTunes para Windows en el mes de octubre, y al anunciarlo, Steve escogió una canción inusualmente sentimental para que sonara al entrar él en el escenario. No había pasado mucho tiempo desde que había fallecido Johnny Cash, uno de los grandes del country, y fue una de sus canciones la elegida, una versión del antiguo éxito de los Beatles titulado *In My Life,* que Cash había grabado poco después de que falleciera su mujer.

Steve escuchó la canción cuando murió Cash y le conmovió. La eligió, dijo, porque «es para mí uno de esos recordatorios de lo poderosa que puede ser la música en tu vida».

Con aquel último paso despegó verdaderamente el vuelo de Apple hacia la música, su primera auténtica ruptura con sus raíces de autonomía. Llegado el mes de abril de 2004, había vendido ya cien millones de canciones a través de la tienda iTunes, y menos de dos años después, Apple celebraba su descarga número mil millones.

Tras unas ventas algo inferiores a los dos millones de iPods entre 2001 y 2003, se habrían vendido más de diez millones llegado enero de 2005. Se presentarían un modelo «Mini» y otro minúsculo y barato llamado «Shuffle» en el que cabían solo unas cien canciones; posteriormente llegaría el «Nano». A mediados de 2006, poco más de un año después, las ventas totales del iPod alcanzarían los 58 millones de unidades.

Más significativo aún sería que las ventas de música y iPods representarían ya cerca de la mitad del total de los ingresos de Apple.

Y habría de haber más. En un artículo del año 2001 en la revista *Fortune,* el ya desde mucho tiempo atrás periodista de cabecera de Jobs, Brent Schlender, predijo que «no hace falta ser científico nuclear para imaginar cómo Apple podría tener listas algún día otras configuraciones del iPod provistas, digamos, de una pantalla más grande y en color, o de la capacidad de trabajar con otras iApps que gestionen videoclips o agendas personales». Algún día, predijo, la plataforma del iPod podría derivar en algo semejante a un teléfono móvil mejorado.

Jobs no había terminado aún, ni mucho menos, sino que le quedaban increíbles retos por delante.

La lista de reproducción de Steve

Los iPods iban apareciendo en los bolsillos de todo el mundo, y la pregunta «¿qué llevas en el iPod?» se convirtió en una forma de llegar a entender a una persona. Los periodistas se lo preguntaban a los candidatos a la presidencia; los potenciales pretendientes le echaban un vistazo cada uno al del otro; los amigos compartían lo mejor que llevaban. Era una pregunta que te podían hacer incluso en una entrevista de trabajo.

La música era especialmente importante para Steve Jobs, un fan declarado de Bob Dylan y los Beatles además del violonchelista Yo-Yo Ma. Este último no pudo ir a tocar a la boda de Jobs, así que pasó por su casa y tocó algo de Bach para Steve, que acabó llorando.

«Tu forma de tocar es el mejor argumento que se puede oír en favor de la existencia de Dios, porque, la verdad, no creo que un ser humano pueda hacer esto por sí solo», le dijo Jobs a Ma.

Bien, ¿y qué llevaba Steve en su iPod? Su biógrafo, Walter Isaacson, le echó un vistazo:

Bob Dylan, representado con quince discos y seis volúmenes de grabaciones en directo

The Beatles, con canciones de siete discos

The Rolling Stones, con canciones de seis discos

Joan Baez, cuatro discos

Yo-Yo Ma, tres discos

Aretha Franklin

Bach, segundo concierto de Brandenburgo

B. B. King

The Black Eyed Peas

Buddy Holly

Coldplay

Don McLean

Donovan

The Doors

Grateful Dead

Green Day

Janis Joplin

Jefferson Airplane

Jimi Hendrix

John Mayer

Johnny Cash

Joni Mitchell

Moby

The Monkees

Seal

Simon & Garfunkel

Talking Heads

10.000 Maniacs

U2

Tercera parte

«Y una cosa más...»

Steve comparte un momento especial con Laurene tras una de sus presentaciones en la conferencia de desarrolladores de Apple de junio de 2011.

19

Cáncer

En su discurso ante la promoción de graduados de Stanford del año 2005, Steve Jobs prometió tres historias: la primera sobre conectar los puntos, la segunda sobre el amor y la pérdida, y la tercera sobre la muerte. No era ni mucho menos el típico tema desenfadado para un discurso de graduación.

Pero es que Steve no era el típico orador desenfadado.

En conversaciones con colegas, y ante algún periodista de manera ocasional, Jobs ya había mencionado una forma personal de filosofía. «Cuando tenía diecisiete años, alguien me dijo: "Tú vive cada día como si fuera el último y algún día tendrás razón"», contaba a *Fortune* en 1998.

La historia le causó la suficiente impresión como para que se la repitiera a los alumnos de Stanford, como para que la recordara cuando conoció a Laurene Powell en la facultad de Empresariales de aquella misma universidad y decidiera no asistir a una reunión, y también en los muchos años que habían pasado desde su adolescencia. La perspectiva de la muerte lo mantenía concentrado en lo que era más importante para él, según decía, le indicaba que había de cambiar de dirección cuando dejara de sacar el mayor partido posible a cada día.

Entonces, aquel ejecutivo que tanto se había esforzado a lo largo de tanto tiempo por mantener en privado su vida personal y familiar, contó una historia absolutamente íntima y cargada de fuerza. Un año atrás, dijo, los médicos le habían encontrado un tumor en el páncreas y, en un principio, pensaron que no le quedaban más que de tres a seis meses de vida. Pero más tarde, aquel mismo día, una biopsia reveló que se enfrentaban a un tipo de cáncer de páncreas muy raro y que se podía tratar con éxito por medio de cirugía.

«Me sometí a la cirugía y ahora estoy bien».

Era una historia conmovedora que se apoderó de la embelesada atención del público.

Aunque no era del todo cierta.

Llámalo el «campo de distorsión de la realidad de Steve Jobs» o, como lo denominaba su mujer, su «pensamiento mágico».

A finales de los noventa, cuando Steve estaba salvando Apple e iba y volvía de Pixar, a casi cien kilómetros de distancia, a la carrera, comenzó a tener piedras en el riñón, que son extremadamente dolorosas.

«Me iba corriendo al hospital y allí me inyectaban Demerol en el trasero, y se acababa pasando», contaba él.

En octubre de 2003, la uróloga que lo había tratado le pidió que se sometiera a un escáner de los riñones, ya que habían pasado cinco años desde que se había hecho el último. Los riñones estaban bien, pero el nuevo escáner mostró que tenía algo en el páncreas, un órgano situado detrás del estómago. Además de colaborar en la digestión, el páncreas segrega hormonas como la insulina, que ayuda al cuerpo a regular el nivel de azúcar en sangre.

Su doctora le instó a que se hiciera un seguimiento; sin embargo no lo hizo. Unos días más tarde, ella volvió a llamarle por teléfono para decirle: «Esto es verdaderamente importante».

Steve Jobs, entonces con cuarenta y ocho años cumplidos, programó el seguimiento y, como había contado a los graduandos, los médicos encontraron un tumor. No obstante, esto fue en otoño de 2003, no a mediados de 2004; es más, coincidió más o menos con la época en que escogió la sentimental melodía de Johnny Cash.

Por lo general, el cáncer de páncreas se extiende rápido y es fatal, pero Jobs tuvo una forma rara, de crecimiento más lento, denominada «tumor neuroendocrino», que se localiza en los islotes de células que producen la insulina. Los médicos recomendaron el paso por quirófano con la esperanza de extraer el cáncer antes de que se hubiera extendido.

Si se sometía a la cirugía y el cáncer no se había extendido, las posibilidades que tenía de salir adelante eran considerablemente altas. Muchos pacientes llegaban a vivir diez años o más tras pasar por quirófano.

Aun así, la cirugía de este cáncer no era cosa menor. En ocasiones implica la extirpación del tumor y del tejido que lo rodea; otras requiere un método quirúrgico más agresivo llamado «procedimiento Whipple modificado», que implica la extirpación de parte del páncreas, la vesícula y, además, parte del estómago, los intestinos y el conducto hepático. Vamos, que se toca y se reconstruye todo el tracto digestivo.

Para horror y estupefacción de su familia, sus amigos más cercanos y los altos directivos de Apple, Jobs decidió que no estaba dispuesto a optar por la cirugía. En su vida laboral solía ser de respuesta rápida: las cosas eran geniales o daban asco, era sí o era no; pero en su faceta personal rara vez era de ver las cosas como blanco o negro. No era capaz de decidir si iba a ser el padre de Lisa o no, y le costó horrores decidirse por el matrimonio. No era capaz siquiera de comprarse un sofá. De igual manera, no podía aceptar el hecho de pasar por quirófano.

En su lugar, redobló su dedicación a la dieta vegana y evitó todo tipo de alimentos animales en favor de las zanahorias y los zumos de frutas. Probó con la acupuntura, los remedios de herbolario y otros enfoques alternativos. Durante toda su vida profesional se había desvivido para evitar que los clientes toquetearan las tripas de sus productos, y tampoco quería que los médicos toquetearan las suyas.

«De verdad que no quería que me abrieran», diría más adelante.

Entretanto, su familia y el reducido grupo de amistades que conocía la situación le suplicaban que lo reconsiderara. Hablaban con él constantemente, les pidieron a los médicos que conversaran con él. Su mujer entendía sus preocupaciones, pero intentó convencerle de que «el cuerpo existe para servir al espíritu». Laurene reclutó a todo el que pudo para hacerle cambiar de idea, incluida su hermana, Mona Simpson. «Fue muy traumático para todos nosotros», diría a la revista *Fortune* uno de aquellos miembros pertenecientes a su círculo íntimo.

En julio de 2004 se sometió a otro escáner, y las noticias no fueron nada buenas. El tumor tenía el aspecto de haber crecido y, quizá, haberse extendido. Finalmente, Jobs cambió de opinión y, el 31 de julio de 2004, los médicos le practicaron un Whipple modificado. Al día siguiente, desde la cama del hospital, Jobs envió un e-mail a los empleados en el que explicaba el extraño cáncer que sufría y que era curable si la cirugía se hacía a tiempo. El suyo lo era, les dijo, de forma que no necesitaría radioterapia ni quimioterapia. Prometió estar de vuelta al trabajo en septiembre.

Una vez más, aquella no era toda la historia. Durante la intervención, los médicos hallaron que el cáncer se había extendido al menos a tres partes del hígado. ¿Que si acortó su vida el posponer la intervención? Sería imposible afirmarlo, dado que nadie sabía si el cáncer ya se había extendido cuando se lo detectaron nueve meses atrás.

Steve comenzó con la quimioterapia, y esa no fue la única complicación. Dado el calibre de la intervención quirúrgica, los médicos le dijeron que tendría que ingerir comidas frecuentes y ricas en proteínas, incluidas las de las carnes, el pescado y los productos lácteos sin desnatar. Como vegetariano o vegano durante la mayor parte de su vida, Steve había estado evitando esos alimentos, y así continuaría haciéndolo.

Jobs siempre había sido un tanto difícil con las comidas. Durante años resultó frecuente que pidiera que le retiraran el plato en los restaurantes por considerarlo incomible; incluso ya como un adulto con familia, se hartaba de ensaladas de zanahoria con limón, o solo manzanas, o hacía ayunos ocasionales. Su mujer, que también era vegana, había empezado a añadir pescados y otras proteínas a las comidas de toda la familia con la esperanza de convencer a Steve para que le diera a su cuerpo lo que necesitaba. Fue una ardua batalla.

Por medio del uso de las últimas tecnologías disponibles en el año 2004, los médicos fueron capaces de trazar parte del mapa genético del cáncer, lo cual les permitió utilizar tratamientos muy específicos y dirigidos. Pero la combinación del impacto de la cirugía, los tratamientos, la medicación contra el dolor y sus dietas le dificultaron ganar peso y conservarlo, y en ciertos momentos su aspecto fue extremadamente delgado, demacrado.

Los problemas de salud de Steve Jobs crearon grandes obstáculos en Apple. Si bien muchos altos ejecutivos preferirían mantener sus problemas personales dentro del ámbito privado, la decisión no resulta tan sencilla cuando una empresa cotiza en bolsa. Conforme a las leyes que rigen el mercado de valores, se exige que las compañías hagan pública de cara a los inversores la información que pudiera afectar al futuro de la empresa, ya sea unas ventas muy cuantiosas de un producto nuevo, dificultades con un producto actual o las preocupaciones referentes al consejero delegado. Al fin y al cabo, los inversores toman decisiones financieras basándose en cómo le van las cosas a la compañía, y tienen derecho a recibir la información pertinente para tomar dichas decisiones.

Teniendo en cuenta el compromiso vital de Jobs con Apple y lo importante que era él para productos superventas como los iPods o la novedosa tienda iTunes, su salud hubiera sido sin lugar a dudas una preocupación. Pero no hay leyes inamovibles y taxativas acerca de lo que se debe contar o cuándo.

Apple jamás hizo público que Steve Jobs había pospuesto durante meses la cirugía una vez conocido el diagnóstico, eso solo se supo cuando *Fortune* lo reveló en un largo y crítico artículo de portada del año 2008. Ni tampoco hizo público Apple que el cáncer se había extendido. La única información pública, en todo caso, procedía del e-mail de Steve (en el que mentía), donde decía que habían cogido a tiempo el cáncer y no tendría que someterse a quimioterapia. Más adelante, cuando el cáncer reapareció y Steve se quedó esquelético, inicialmente adujo que sufría de un desequilibrio hormonal que le afectaba a la digestión.

Un abogado de la compañía llegó a la conclusión de que el derecho de Steve a su intimidad se encontraba por encima del de los accionistas a saber la verdad, decía *Fortune,* «mientras él pueda continuar cumpliendo con sus responsabilidades». Lo cierto es que otros ejecutivos habían sido mucho más sinceros con sus inversores en lo referente a su salud.

La batalla con el cáncer hizo de Steve una persona más reflexiva, al menos por un tiempo. En el verano de 2004, justo antes de su intervención, tuvo un encuentro con Steven Levy, de *Newsweek.* Cuando Levy sacó un iPod con un micrófono para grabar la entrevista, Jobs se quedó desmoralizado al ver que le había puesto una funda de plástico para protegerlo de arañazos y golpes.

«Pues a mí me parece que el acero inoxidable queda precioso con el desgaste —dijo Jobs—. Es decir, el año que viene cumplo los cincuenta, así que yo mismo soy un poco como un iPod con arañazos».

Si las celebraciones de su treinta y su cuarenta cumpleaños habían consistido en fastuosas galas con actuaciones de primera línea, Steve Jobs celebró el medio siglo con los amigos más cercanos y la familia en una fiesta sorpresa que había organizado Laurene en casa de un amigo.

Tenía aún muy presente su cara a cara con la muerte cuando accedió a dar el discurso de graduación de Stanford solo unos pocos meses más tarde. Y dijo a aquellos estudiantes que la muerte abre paso a lo nuevo, e incluso ellos envejecerían y dejarían sitio aquí.

—Siento ponerme tan dramático, pero es bastante cierto —dijo.

Sabiendo aquello, les dio su consejo más contundente:

—Nuestro tiempo es finito, así que no lo malgasten viviendo la vida de otro.

Del mismo modo, los invitó a no dejarse atrapar por las expectativas ajenas y a no sucumbir a sus opiniones.

—Y lo más importante —añadió—, tengan el valor de seguir los dictados de su corazón y de su intuición. De algún modo, ellos ya saben lo que de verdad quieren llegar a ser.

Al luchar contra el cáncer y enfrentarse a la posibilidad de su propia muerte, Steve Jobs ya había decidido seguir los dictados de su corazón. Con una fortuna estimada por *Forbes* en un valor neto superior a los 3.000 millones de dólares, y creciendo gracias a Pixar y al iPod, podía haber empleado al menos parte de su tiempo pensando en la filantropía y en cómo podría contribuir con su enorme riqueza, sin embargo nunca le prestó interés al hecho de dar dinero. Montó una fundación durante un breve espacio de tiempo, tras su marcha de Apple, pero la clausuró cerca de un año después.

Cuando regresó a Apple en 1997, acabó con todos los programas filantrópicos de la compañía, incluyendo la oferta de esta de igualar las contribuciones a la caridad realizadas por sus empleados. Aquellos programas no se recuperaron jamás mientras él estuvo al mando.

Steve Jobs rara vez participaba en causas o eventos para la recaudación de fondos, como dijo el biógrafo Isaacson, «tendía por regla general a despreciar las iniciativas filantrópicas». Se rumoreó que se encontraba detrás de ciertas donaciones anónimas muy cuantiosas, pero no eran más que especulaciones. En 2010, Bill y Melinda Gates retaron a otras familias adineradas a comprometerse a donar más de la mitad de su dinero a la caridad o a otras causas filantrópicas. Desde entonces, varias decenas de millonarios y multimillonarios han cumplido tal promesa, pero Jobs no era uno de ellos.

Su mujer, Laurene Powell, apoyaba de manera decidida los esfuerzos en el sector de la educación, y fundó un programa extraescolar denominado College Track con el objeto de ayudar a que los estudiantes con niveles muy bajos de ingresos asistieran a la universidad. Jobs dijo que su labor «de verdad me impresiona», pero nunca hizo una visita a uno de aquellos programas extraescolares.

Desde su enfermedad, según le contaba un amigo al *New York Times,* «se ha estado concentrando en dos cosas: en formar el equipo de Apple y en su familia —y añadió—: Ese es su legado, todo lo demás son distracciones».

Dadas las dificultades de su salud, podía haberse retirado y haber pasado más tiempo con la familia mientras combatía la enfermedad. En otoño de 2005, su hijo Reed cumplía los catorce años, Erin los diez, y Eve, la más pequeña, apenas estaba en edad escolar.

Sin embargo, Apple fue su primer amor y su vocación, y el esfuerzo que hizo Steve para recuperarse de la cirugía con el fin de poder regresar a la oficina fue grande. Aún tenía por hacer parte de su trabajo más importante.

El equipo directivo que estaba detrás del diseño del iPhone. De izquierda a derecha, Phil Schiller, Tony Fadell (responsable del departamento del iPod), Jonathan Ive (jefe de diseño), Steve Jobs (consejero delegado de Apple), Scott Forstall y Eddy Cue.

20

Redención

Steve Jobs tenía algo contra los botones y las teclas ya desde tiempos inmemoriales.

Cuando supervisó el primer Macintosh, exigió que desaparecieran las teclas del cursor para que así el usuario sacara pleno rendimiento al mouse e insistió en que este mouse solo tuviera un botón, en lugar de dos o tres, para conservar la sencillez. Cuando se diseñó el iPod, se negó a permitir la presencia de un botón de encendido y apagado, y dio órdenes para que otros botones se redujeran a su mínima expresión. En Tokio, el ascensor de la tienda Apple carece de botones y se detiene en todas y cada una de las cuatro plantas del edificio.

El *Wall Street Journal* llegó a sugerir una vez que Steve prefería sus camisetas negras de cuello vuelto porque no tenían botones que le hicieran perder tiempo.

De este modo, cuando Jobs comenzó a pensar en un teléfono fabricado por Apple, una de sus primeras ideas fue la de librarse de los botones y aprovechar el potencial del tacto.

La idea no se le ocurrió de golpe, sino que fue evolucionando con el tiempo. Cuando regresó a Apple a finales de los noventa, Steve se mostró especialmente crítico con el dispositivo portátil Newton, que requería del uso de un falso lápiz llamado «estilo» para escribir en la pantalla. Jobs pensaba de aquella herramienta que era tan estúpida como innecesaria. «Dios ya nos ha dado diez estilos —dijo, moviendo los dedos de las manos—, no inventemos otro».

Consciente de que Microsoft estaba trabajando en una tableta que se utilizaba con un estilo, Steve preguntó a sus diseñadores si serían ellos capaces de idear otra que funcionara con el tacto y careciera de un teclado físico. El grupo ya se encontraba trabajando en el desarrollo de los gestos con los dedos —juntarlos y separarlos o desplazarlos— como método de control del *trackpad* del nuevo equipo portátil, el MacBook Pro, y valoraban si serían capaces de traducir en la pantalla tal forma de usar los dedos. Con el tiempo lo hicieron, y crearon lo que se denominó «Multi-Touch», que permitía juntar y separar los dedos índice y pulgar para acercar o alejar una imagen en la pantalla.

Al ver aquella tecnología «pensé, "Dios mío, de aquí podemos sacar un teléfono"», dijo Jobs. De modo que, por el momento, dejó aparcado en una estantería el proyecto de la tableta para concentrarse en un teléfono.

¿Que por qué un teléfono? No mucho después de que se presentara el iPod, Steve se percató de que serían cada vez más las funciones que irían acaparando los teléfonos móviles: la gente no tenía manos o bolsillos suficientes para tanto aparato. Un ejecutivo podía llevar un móvil para las llamadas, una Blackberry para ver el correo o una Palm para controlar su agenda, citas, listines; y además un iPod para la música. Era una cantidad excesiva de aparatos, y se figuró que algún día existiría (o al menos debería existir) un único aparato que lo incluyera todo.

En aquella época, sin embargo, los móviles —igual que los reproductores de música anteriores al iPod— eran demasiado cutres y complicados, con unos teclados diminutos de plástico. La pantalla táctil mostraría un teclado cuando fuera necesario y lo ocultaría cuando el usuario quisiera navegar por Internet o mirar un mapa. «Todo el mundo odia su móvil, y eso no es bueno —dijo Jobs—. Ahí tenemos una oportunidad». Y aquello era particularmente cierto para una compañía como la suya, que hacía productos al estilo BMW para clientes dispuestos a pagar más.

En 2004, con el deseo de que Apple entrara en juego, llamó a Motorola, fabricante de un teléfono que gozaba de popularidad, el RAZR. Les propuso trabajar juntos en un teléfono que añadiera las características de un iPod. El resultado fue el Motorola ROKR, que Steve Jobs presentó en 2005.

A Apple nunca se le había dado bien lo de jugar con otros, y aquel producto no fue una excepción. En lugar de ser fino y elegante, el teléfono era feo, nada intuitivo y decepcionantemente limitado. Apenas cabían cien canciones, nada más. En resumen, fue un fracaso. Jobs sabía que su equipo habría de ponerse manos a la obra con su propio diseño.

Entre bambalinas, Steve comenzó a trabajar con las compañías de telefonía móvil en busca de un acuerdo para vender lo que fuera que inventara Apple. Nadie sabía si era posible crear un sistema operativo reducido pero potente que otorgara al móvil capacidades a la altura de una computadora, aunque Steve Jobs decidió que «nosotros lo vamos a hacer. Probemos». Al igual que se había puesto con el equipo del iPod a crear su propio reproductor musical, les dijo, «vamos a hacer ese teléfono genial del que todos nos enamoremos».

Mientras Apple trabajaba en secreto en el desarrollo del teléfono, Jobs se encontró con otra preocupación, enorme y pública. Tenía que salvar a Woody y a Buzz del acoso corporativo.

Tras el éxito de la primera *Toy Story* y de la salida a bolsa de Pixar, Jobs estuvo en disposición de renegociar el acuerdo con Disney de manera que ambas, Pixar y Disney, se repartieran a medias los beneficios de las siguientes películas de Pixar. Ahora bien, Disney seguía en posesión de los derechos de los personajes.

Pixar había cosechado otros éxitos rotundos con *Monsters, Inc.* y *Buscando a Nemo,* y a falta de otras dos películas dentro del acuerdo con Disney, Jobs intentó conseguir un acuerdo mejor. No obstante, a comienzos de 2004 rompió las conversaciones con Disney a causa de la frustración que sentía frente a su directiva. Y amenazó con llevarse el negocio de Pixar a otra parte.

En represalia, el por entonces consejero delegado de Disney Michael Eisner no tardó en ponerse a desarrollar en sus estudios las secuelas de *Monsters, Inc.*, *Buscando a Nemo* e incluso *Toy Story*. La gran compañía cinematográfica estaba a punto de salirse con la suya con Woody y Buzz.

John Lasseter, el genio creativo detrás de Pixar, estaba fuera de sí ante lo que podría hacer Disney. Cuando comunicó la separación de las dos compañías al personal de Pixar, rompió a llorar.

«Estaba preocupado por mis hijos, por lo que les harían a los personajes que habíamos creado —confesó—. Fue como si me clavaran un puñal en el corazón».

Por fortuna, ganaron los buenos. Eisner fue destituido en 2005, y su sucesor, Robert Iger, tenía una forma distinta de ver las cosas. Mientras presenciaba un desfile en Disneyland Hong Kong, se sorprendió al percatarse de un detalle incómodo: todos los personajes recientes que participaban en el desfile eran de Pixar, no de Disney. E inició nuevas conversaciones con Steve Jobs.

Aunque valoraron diversas posibilidades, Disney acabó por acceder a comprar Pixar por 7.400 millones de dólares en el año 2006. Lasseter se convirtió en el director creativo de Disney, y Ed Catmull, el cofundador de Pixar que había estado dirigiendo la compañía en el día a día, quedó al frente de los Estudios de Animación de Walt Disney. Se haría *Toy Story 3*, pero la contarían ellos tal y como querían que se contara.

Jobs, que poseía cerca de la mitad de Pixar, se convirtió en el mayor accionista individual de Disney, con una participación del 7 por ciento valorada en más de 3.000 millones de dólares, y entró a formar parte del consejo de administración. Aunque se llegó a especular con que pretendiera dirigir Disney, su centro de atención no se apartó de Apple... y de sacar nuevos productos como el iPhone.

Convertir un producto tan complicado en una realidad se mostró más difícil de lo esperado. En otoño de 2006, apenas unos meses antes de que se anunciara el iPhone en la convención Macworld, el teléfono no funcionaba. Las llamadas se cortaban, no iban las aplicaciones, y la batería no llegaba a cargarse del todo. «Aún no tenemos producto», dijo Steve al equipo con frialdad, y los envió de vuelta a trabajar hasta el cansancio para enderezarlo.

En un momento más avanzado del proceso, Jobs introdujo un par de cambios en el diseño. Decidió que la elegante pantalla había de ser de cristal y no de plástico, porque las probabilidades de que el plástico se arañara eran demasiado altas. El cristal también se puede arañar, y romper, de manera que debía encontrar un material de una dureza fuera de lo corriente. Su búsqueda le condujo hasta Corning Incorporated, una empresa que se había dedicado a las innovaciones en el campo del cristal durante largos años y había inventado las fuentes de cocina Pyrex y Corning Ware. En 1962, Corning desarrolló un cristal «reforzado» que se utilizaba en coches y aviones, pero se descatalogó a comienzos de los noventa.

Cuando Steve Jobs supo de la existencia del material, pidió a Corning todo el que pudiera fabricar en los seis meses siguientes. Aquello parecía imposible, ya que ni siquiera se hacía por entonces, pero Jobs insistió. «Interiorízalo. Pueden hacerlo», le dijo a Wendell Weeks, consejero delegado de Corning.

En el plazo de seis meses, Corning había desempolvado su vieja fórmula, la había mejorado e iniciado su producción en una fábrica de Kentucky. El nuevo material, denominado «Gorilla Glass» («Cristal Gorila»), cubrió el iPhone con un cristal resistente en extremo y, con el paso del tiempo, también otros centenares de dispositivos de consumo.

Pese a haber resuelto el tema del cristal, Jobs seguía dándole vueltas al teléfono. Un lunes por la mañana, entró de golpe y le dijo a los diseñadores: «Es que no me encanta. No soy capaz de enamorarme de esto».

En lugar de encastrar la pantalla en una carcasa de aluminio, deseaba que el cristal llegara hasta el borde del teléfono. Los diseñadores tuvieron que rehacerlo todo —circuitería y antena— para cambiar el aspecto del conjunto. Porque tenía que estar bien.

En virtud del acuerdo que Steve había alcanzado con Cingular, que formaría parte de AT&T, los ejecutivos de la operadora de telefonía no vieron el terminal hasta unas pocas semanas antes de su presentación. Jobs había logrado convencer a AT&T para que hiciera más sencillo el proceso de solicitud del teléfono. A cambio de los derechos en exclusiva para venderlo, Apple recibiría un porcentaje de las facturas mensuales que los clientes pagarían por el servicio de telefonía. Eso sí, aunque otros fabricantes de teléfonos móviles ponían el nombre de la operadora en el terminal, Apple se negó a mancillar su iPhone con el nombre de AT&T.

Durante la Macworld de enero, Jobs vendió el iPhone como «un producto revolucionario» que combinaba el mejor iPod hasta la fecha, un teléfono móvil fantástico y, por vez primera, «Internet en tu bolsillo».

Y había otra cosa: Apple eliminaba la palabra *Computer* de su nombre. Apple Inc. era una mejor descripción de la compañía norteamericana de electrónica de consumo más prominente.

El vuelco de Steve Jobs estaba casi completo, y él ya había demostrado más allá de cualquier posible duda que su papel en la creación de la computadora personal no había sido una cuestión de azar. Con su visión, genialidad y valor, había tomado el control de una Apple que se hallaba al borde del precipicio y la había salvado con un colorido e ingenioso iMac. Durante varios años, Apple no pudo mantener el tirón de los propios mercados que había creado, y sus ventas cayeron desde los 7.000 millones de dólares a un mínimo de 5.400 millones en el año fiscal que finalizaba en septiembre de 2001, justo antes de la salida del iPod.

Después, además de revitalizar la industria de la computadora personal y ayudar a crear todo un nuevo género de películas de animación verdaderamente encantadoras, le dio un giro al negocio de la música con el iPod y la tienda iTunes. Entre 2001 y el fin del año fiscal de 2006, unos pocos meses antes del lanzamiento del iPhone, las ventas de Apple se habían ido a más del triple para alcanzar los 19.000 millones de dólares, y sus beneficios se habían disparado también, casi hasta los 2.000 millones de dólares. Las acciones de la compañía, que habían tocado suelo a comienzos de 2003 en los 7 dólares por acción, cotizaban a más de 80 dólares a comienzos de 2007. Quien hubiera comprado 100 acciones por 700 dólares en el momento de menor precio a inicios de 2007 tendría una participación valorada en más de 8.000 dólares.

Con aquellos resultados, Steve Jobs estaba rehaciendo el panorama de la electrónica de consumo a través de nuevas vías. «No es que invente tecnologías, sino que refina las ya existentes», escribía John Markoff, periodista del *New York Times*. El propio Jobs lo decía: «No quiero que la gente piense en esto como en una computadora —afirmó sobre su última creación—. Yo lo veo como una reinvención del teléfono».

El periodista y comentarista social Malcolm Gladwell lo decía con otras palabras: Jobs era un «optimizador». Según él lo explicaba, «el visionario parte de una hoja de papel en blanco y se reimagina el mundo. El optimizador hereda las cosas como son y las tiene que traer y llevar camino de una solución cercana a la perfección. Eso no es tarea menor».

Woz creó la circuitería para hacer la computadora personal, pero Jobs optimizó sus ideas e insistió en ellas y las llevó más y más allá hasta que las convirtió en el Macintosh. Él no inventó las películas de animación, ni los reproductores musicales, ni los *smartphones*, pero sí los revolucionó con una nueva forma de entenderlos.

Curiosamente, combatió con ahínco a quienes pretendían toquetear sus productos terminados. Se opuso a las ranuras de expansión y las baterías reemplazables hasta el punto de utilizar tornillos que resultaban casi imposibles de quitar para el consumidor final. «El mayor optimizador de su generación no estaba muy por la labor de dejar que le optimizaran», escribió Gladwell.

A finales de junio de 2007, los clientes formaron en fila india para pagar desde 499 a 599 dólares por un iPhone, dependiendo de la capacidad de la memoria que tuviera, aunque el precio de la mayoría de los demás *smartphones* descendía hasta los 300 dólares o menos. Apple vendió 1,4 millones de iPhones en los primeros tres meses.

Las ventas volvieron a repuntar aquel mismo otoño, cuando Apple recortó 200 dólares el precio más alto, hasta los 399, y retiró el modelo más barato. Como siempre, Steve Jobs protegería su criatura con sumo primor y, además de mantener el teléfono cuidadosamente sellado, quiso restringir el software que se podía utilizar en el teléfono. Sin embargo, y después de que los programadores independientes pusieran el grito en el cielo porque se mordían las uñas de las ganas que tenían de escribir aplicaciones para una tecnología tan alucinante, Jobs accedió a abrir una tienda de aplicaciones, la App Store, un año después de que el móvil de Apple hiciera su debut.

Al igual que la tienda iTunes para Windows hizo del iPod un elemento de mayor utilidad, la App Store le dio al iPhone otro empujoncito. En el periodo fiscal de 2008, Apple vendió más de 11 millones de teléfonos, sus ventas totales volaron hasta los 37.500 millones de dólares y los beneficios alcanzaron los 6.000 millones.

Al convertirse Apple en un gigante, Jobs pasó también dificultades con su necesidad de controlar sus productos y de controlar el mensaje. Cuando era el uno más del sector, ni a periodistas ni a clientes les costaba mucho hacer caso omiso de su combatividad y de su afilada lengua, pero ahora, como uno de los jugadores de peso, empezó a ser percibido como el matón del patio del colegio.

En abril de 2010, un empleado de Apple dejó de manera accidental en un bar un prototipo del siguiente modelo de iPhone. La gente que lo encontró se lo vendió por 5.000 dólares a la página web de tecnología Gizmodo, quienes no tardaron en abrirlo y compartir con el mundo sus deslumbrantes detalles.

El mismísimo Steve Jobs llamó al director editorial de Gizmodo para decirle: «Soy Steve. En serio, quiero mi teléfono de vuelta». En el transcurso de varias conversaciones, Jobs se mostró firme, pero tampoco perdió el sentido del humor y abrió una de sus llamadas con un: «soy TU NUEVA PERSONA MÁS FAVORITA DEL MUNDO».

Apple recuperó su teléfono, pero también planteó una queja ante el departamento del sheriff del condado de San Mateo, que tiró abajo la puerta de la casa del periodista que había escrito el artículo y confiscó varias de sus computadoras. Nunca se llegaron a presentar cargos contra el citado periodista ni contra la página web, aunque muchos en el gremio tuvieron la sensación de que una táctica tan implacable había sido excesiva. Los dos hombres que vendieron el teléfono sí fueron acusados de apropiación indebida de una mercancía extraviada.

Algunos consejeros de Apple advirtieron de que la compañía podría parecer arrogante, pero Steve se negaba a tragar aquello. «Eso no me preocupa, porque no somos arrogantes», dijo.

A continuación, y tras el debut del iPhone 4 en el año 2010, algunos clientes se mostraron contrariados al leer que un defecto en su diseño provocaba que una determinada forma de sostener el móvil cortara las llamadas. La banda de aluminio que rodeaba el teléfono tenía una separación en la esquina inferior derecha que, si se tapaba, interfería con la antena.

Cuando un comprador escribió un e-mail para quejarse, Jobs, que se encontraba en Hawái en ese momento, no se mostró muy comprensivo. «No veo el problema —contestó por escrito—, evite sujetarlo así».

Pero aquello no satisfizo a los fans que acababan de pagar un buen dinero y esperaban más de Apple, y tampoco lo hizo la sugerencia de que compraran una funda. Steve se tomó la crítica a título personal y se enfurruñó; y reaccionó después de que alguien insistiera en la acusación de que Apple estaba actuando como Microsoft. Finalmente, Apple respondió que sus teléfonos no eran perfectos, se comprometió a solventar el problema y ofreció fundas gratuitas a los usuarios que las desearan.

La cuestión cayó pronto en el olvido, y Apple continuó acumulando unas ventas mareantes. Steve Jobs se había apuntado otro tanto, y con eso debería haber bastado. Pero había una cosa más.

El escándalo de las acciones

Por mucho que el sentido del diseño de Steve Jobs fuera exacto, sus decisiones respecto de su paga pusieron en peligro su puesto de trabajo en el año 2006.

El inicio de los problemas se sitúa a comienzos del año 2000, cuando Jobs obtuvo la concesión de unas *stock options*, opciones de compra de acciones que permiten a los ejecutivos adquirir dichas participaciones en el futuro a una cotización establecida con anterioridad denominada «precio de ejercicio». La cuantía del beneficio que se obtenía con la jugada aumentaba si las acciones de Apple subían en bolsa, pero, en el año siguiente, las acciones de Apple bajaron.

A finales del verano de 2001, el consejo de administración de Apple votó a favor de descartar aquellas *stock options* y sustituirlas por otras que reflejaran el menor valor actual en bolsa de las acciones. Por lo general, el precio de ejercicio se establece el mismo día en que se conceden las *stock options*, pero cuando estas opciones se concedieron al final del año, los ejecutivos de Apple eligieron específicamente una fecha anterior en la cual la cotización de las acciones era menor y, por tanto, el potencial beneficio de Steve Jobs era mayor.

Esta práctica, conocida como «antedata», no es ilegal de por sí en los Estados Unidos, pero sí lo es siempre que el cambio de fecha no se haga público de la forma apropiada y no se realicen ciertos ajustes contables. Apple no hizo ninguna de las dos cosas.

En 2006, el *Wall Street Journal* publicó una serie de artículos —que ganó el premio Pulitzer— sobre decenas de compañías que practicaban las antedatas en los precios de ejercicio de las *stock options* y permitían que sus ejecutivos cosecharan un beneficio extra. No obstante, ninguna de ellas era tan prominente como Apple y Steve Jobs.

Además de aceptar *stock options* antedatadas para sí, Steve Jobs había recomendado fechas favorables en la concesión de opciones a otros ejecutivos, según Apple. Sin embargo, tras una investigación interna de carácter especial, la compañía llegó a la conclusión de que Jobs no había hecho nada incorrecto. No se benefició personalmente, puesto que aquella tanda de opciones jamás se ejerció y puesto que él no entendía «las implicaciones contables».

Steve Jobs se disculpó en público con los accionistas y los empleados de Apple «por estos problemas, que han sucedido ante mi vigilancia», y añadió que «son absolutamente impropios de Apple». La compañía tuvo que reevaluar sus ganancias y reducirlas en 105 millones de dólares para reflejar las opciones con antedata.

La SEC, la comisión norteamericana del mercado de valores, no emprendió ningún tipo de acción contra Steve Jobs, pero sí acusó de conducta deshonesta al antiguo director financiero y a la antigua abogada de la compañía. Sin llegar a admitir ni a rechazar tal acusación, los dos alcanzaron un acuerdo con la SEC conforme al cual ambos pagaban una multa y renunciaban a más de 1 millón de dólares en beneficios de sus propias *stock options*.

Steve Jobs en el escenario el 6 de junio de 2011, durante la conferencia de desarrolladores de Apple, en la que sería su última presentación de un producto.

21

Su vida

Steve Jobs era capaz de presionar a sus equipos hasta que desarrollaran unos productos increíbles, y también lo era de provocar un verdadero frenesí en torno a estos. Se las arreglaba para mantener los productos nuevos tan en secreto, que apenas una docena de personas en Apple podía saber qué pinta tenían. Pero a pesar de todo cuanto podía controlar, no pudo controlar su cáncer.

En 2008, su salud volvió a decaer cuando la enfermedad se le extendió al hígado. Se sentía incómodo y padecía dolores. Además, la combinación de las terapias contra el cáncer, los potentes analgésicos y sus costumbres alimenticias de toda la vida le ponían muy difícil comer bien. Empezó a perder peso.

A pesar de su lucha, continuaba liderando una maquinaria de innovación. Al tiempo que iba sacando a la luz nuevos modelos de iPods y iPhones, también rehacía los Macs con nuevas creaciones como el ultraligero y transportable Mac-

Book Air, presentado a principios de 2008. El sector de las computadoras personales, ese que tanta gente había declarado muerto hacía ya una década, en Apple seguía vivito y coleando. Jobs atribuyó al menos parte del éxito al intenso proceso de eliminación llevado a cabo por la compañía, lo cual significaba rechazar muchas más cosas de las que aceptaba. «La gente piensa que centrarse en algo significa decir que sí a aquello en lo que te centras —decía—, pero no es así en absoluto. Significa decir que no al otro centenar de buenas ideas que hay, y es necesario prestar mucha atención a la hora de escoger».

El trabajo no solo reflejaba su personalidad y sus niveles de calidad, tan exigentes, sino también su convicción de que no pasaba nada si uno lo intentaba y fracasaba. Comentó que todos los artistas —incluso su amado Bob Dylan— se daban de bruces alguna vez. De hecho, según él no eran artistas a menos que «se siguieran arriesgando al fracaso».

Sin duda, no todas las ideas de Apple funcionaban bien. El primer Apple TV, un esfuerzo por aunar todos los programas, películas, vídeos de YouTube y películas domésticas que pudieras ver en la tele, no despegó y fue descartado. Existe otra versión que no ha terminado de encontrar una gran aceptación entre el público, pero Jobs, que llamaba «hobby» al producto, siguió intentándolo.

Sin embargo, Steve Jobs sí que dibujó una nítida línea de separación entre un intento fallido y la más pura y simple falta de rendimiento, y su salud no le impidió decir lo que pensaba. A mediados de 2008, se suponía que un nuevo sistema de e-mail denominado MobileMe debería funcionar tanto con computadoras como con iPhones... pero no lo hizo bien. El sistema no siempre sincronizaba de manera correcta los e-mails entre dispositivos, y algunos de estos e-mails se perdieron. Los clientes no estaban nada contentos.

Jobs convocó al equipo a una reunión y empezó con una pregunta simple: «¿Puede alguien decirme lo que se supone que tiene que hacer MobileMe?».

Cuando consiguió una buena respuesta, hizo otra pregunta, pero esta en un lenguaje más altisonante: «¿Y por qué ****no lo hace?», preguntó.

Ninguna respuesta iba a ser lo bastante buena, y se mostró muy duro y crudo al flagelar públicamente al equipo: «Han empañado la reputación de Apple —les dijo—. ¡Deberían odiarse por haberse fallado entre sí!». Delante de todo el grupo, puso a alguien nuevo al mando.

Al final, el servicio quedó arreglado.

Por mucho que Jobs estuviera enfrentándose a su propia muerte, su carácter no se dulcificó ni se volvió más reflexivo, ni en la oficina ni en casa. Aunque había de ser consciente de que su tiempo era limitado, nunca pudo apartarse de su trabajo.

Se marchó a Hawái con su familia en la primavera de 2008, pero, incluso entonces y estando allí, concedió una entrevista a la periodista Betsy Morris, de *Fortune*. Cuando finalizaron, le pidió a Morris que apagara la grabadora. Entonces le hizo una dolorosa confesión: «Amo a mi familia, y vengo aquí todos los años. Quiero estar aquí —dijo—, pero me resulta muy duro. Siempre, *siempre,* estoy pensando en Apple».

Había muchísimas cosas que deseaba hacer, exactamente igual que cuando era joven, pero su situación se estaba deteriorando. Perdió dieciocho kilos en la primera mitad de 2008, y los perdió de una complexión que era ya de por sí delgada; aquello afectó a su familia. Las preocupaciones acerca de su aspecto demacrado tenían a inversores y periodistas especulando sobre la salud del más alto ejecutivo que no solo había dirigido Apple, sino que *era* Apple. Al principio, la compañía atribuyó la pérdida de peso a «un parásito común». A continuación, se les dijo a los periodistas y a todo aquel que preguntara por la salud de Steve que se trataba de un «asunto privado».

La verdad era que, al extenderse el cáncer de páncreas, básicamente su cuerpo había empezado a consumirse, deteriorarse y debilitarse. La enfermedad se estaba apoderando del hígado de Steve. Los médicos continuaron con el tratamiento específico basado en la información de que disponían sobre la composición genética del tumor.

Aquel mismo año, el sistema financiero americano se enfrentó a su peor crisis del último siglo, que derribó a varios de los primeros espadas. Aunque la gente siguiera comprando iPods y iPhones, el valor de las acciones de Apple cayó a menos de la mitad, a un mínimo de 85 dólares a finales de

2008, debido tanto a los temores acerca de la salud de Jobs como a un desplome tan profundo como generalizado de todo el mercado de valores.

A finales de año, Jobs canceló sus planes de aparecer en la Macworld y otros compromisos, y aquello hizo que volvieran a dispararse los comentarios. En una declaración pública de comienzos de enero de 2009, relacionó sus problemas con un «desequilibrio hormonal». Finalmente, más tarde aquel mismo mes de enero, se tomó una baja médica oficial alegando que se acababa de «enterar de que mis problemas de salud son más complejos de lo que había creído en un principio». La Comisión del Mercado de Valores abrió una investigación para evaluar la honestidad de las informaciones que Apple había hecho públicas. Si bien un individuo puede mantener en privado cierta información, engañar deliberadamente a los inversores es un problema. Sin embargo, la SEC no emprendió ninguna acción al respecto.

2009 fue asimismo el año en que Steve Jobs comenzó a trabajar en su biografía con el editor de la revista *Time* Walter Isaacson. Jobs tanteó por primera vez a Isaacson en 2004, al inicio de su enfermedad, para que escribiera la historia de su vida. Isaacson, autor de biografías como las de Albert Einstein, Henry Kissinger y Benjamin Franklin, pensó que Jobs era demasiado joven y que era demasiado pronto, pero siguieron con sus charlas y, un tiempo después, Laurene le dijo al escritor: «En serio, deberías hacerla ya». Por vez primera en décadas,

Steve Jobs concedería a un periodista acceso completo a su trabajo, su vida familiar y sus reflexiones.

El médico que trataba el cáncer de Steve llevaba meses advirtiéndole de que debería considerar la posibilidad de un trasplante de hígado, y por fin en enero de 2009 entró en lista de espera en el estado de California. Sin embargo, la demanda de órganos era allí tan elevada, que sus probabilidades de conseguir uno a tiempo eran muy reducidas. Para guardarse las espaldas, entró también en la lista de espera de trasplantes de Memphis, en Tennessee.

Fue una buena decisión. En marzo recibió una llamada desde Memphis para informarle de que estaba disponible el hígado de un joven que había fallecido en un accidente de tráfico. Jobs y Powell volaron para allá de inmediato, y la operación salió bien; pero, escribió Isaacson, los médicos se encontraron con que el cáncer se había extendido por todo el hígado y por la membrana que cubre los órganos internos.

Habida cuenta del estado de extensión del cáncer, el trasplante no sería una cura. Casi con toda certeza, las células cancerígenas se hallarían en otros puntos del cuerpo. Lo que haría el trasplante sería concederle más tiempo; y resultó especialmente complicado, pues los pacientes que se someten a trasplantes han de tomar una medicación que suprime el sistema inmune que combate las infecciones y, por tanto, podría permitir que el cáncer se extendiera con mayor facilidad.

El trasplante de hígado es una intervención quirúrgica larga y delicada, y la recuperación es lenta. Jobs tenía que levantarse y volver a caminar, al principio sujetándose a una silla. Según contaba su hermana, Mona Simpson, un día tras otro «se ponía en pie sobre unas piernas que parecían demasiado delgadas para sostenerlo, con los brazos extendidos hasta el respaldo de la silla», que empujaba en dirección al puesto de enfermería. Allí se sentaba y descansaba antes de regresar.

Powell le animaba constantemente. «Puedes hacerlo, Steve», le decía, y él intentaba llegar un poco más lejos cada día.

Mejoró y regresó a casa a finales del mes de mayo. A primeros de junio, Jobs comenzó a celebrar reuniones en su casa, y a últimos de mes volvió a la oficina para empezar en su primer día allí donde lo había dejado cuando se marchó: con una retahíla de berrinches.

Una vez de vuelta, Jobs tuvo la oportunidad de dejar otra huella en el universo. El hígado nuevo apenas había cambiado su forma de comportarse. Seguía pidiendo que le retiraran platos que consideraba incomibles y humillando a la gente en público. Cuando uno de sus colegas de confianza de toda la vida se lo llevaba aparte e intentaba recordarle que fuera más amable, Steve decía que lo entendía y que lo sentía; y luego volvía a ocurrir. «Es mi forma de ser, nada más», decía.

«Al igual que muchos grandes hombres con dones extraordinarios, Steve no es extraordinario en todos los aspectos

—le contaba Laurene Powell a Isaacson—. Carece de aptitudes sociales, como la de ponerse en la piel de los demás, pero le importa enormemente el avance y el fortalecimiento de la humanidad, y el poner las herramientas precisas en sus manos».

En noviembre de 2009, *Fortune* lo nombró «consejero delegado de la década», y aseguró: «En el mundo de los negocios, la última década pertenece a Steve Jobs». Lo consideraba «un *showman,* un vendedor nato, un mago capaz de crear su famoso campo de distorsión de la realidad [y] un perfeccionista tiránico»; la revista apuntaba que, en diez años, «ha reordenado tres sectores de manera radical y lucrativa: la música, el cine y los teléfonos móviles, y su impacto sobre su sector de partida, las computadoras, no ha hecho sino crecer». No era de extrañar, se decía, que fuera una celebridad mundial.

Y también guardaba otro nuevo producto en la manga. Con unas ventas del iPhone que estaban por las nubes, era el momento de bajar aquella idea de la tableta de la estantería donde la había guardado. Steve trabajó con Jony Ive y estableció un diseño rectangular con las esquinas redondeadas, lo suficientemente ligero y cómodo como para sostenerlo con una mano, lo bastante grande como para leer un libro y, sin embargo, lo bastante pequeño para que resultara fácil meterlo en el bolso o en un maletín.

En enero de 2010, aún muy delgado, regresó a escena para presentar el iPad, una tableta táctil con precios que oscilaban entre los 499 y los 829 dólares. La entusiasta respuesta de costumbre ante un nuevo producto de la familia Apple resultó algo apagada. Sin un teclado, aquella tableta no llegaba a sustituir de forma clara a una computadora; llevaba a cabo muchas de las fantásticas tareas que hacía el iPhone, pero no te cabía en el bolsillo. A algunos críticos e incluso clientes les costó mucho ver para qué servía.

En un plazo de horas, un río de casi ochocientos e-mails entró en la cuenta de correo de Steve, la mayoría de ellos con quejas sobre lo que no tenía la tableta.

«Me deprimí un poco —admitió Jobs—. Fue algo decepcionante».

Sin embargo, ninguno de los que se quejaban había visto ni tenido en la mano un iPad. Cuando este llegó en abril, el cuento cambió. La tableta quizá no contara con muchos usos aparentes en ese momento, pero tenerla en las manos y jugar con ella era una maravilla. El escritor Stephen Fry apuntaba que, al desarrollar el iPod, el iPhone y ahora el iPad, Jobs, Ive y el equipo de gente de Apple habían entendido e ideado cómo capturar la tan intensa relación personal que puede crearse con los objetos que compramos y utilizamos a diario. Como le dijo Ive, «para nosotros, todo consiste en refinar y refinar hasta que parece que no hay nada entre el usuario y el contenido con el que está interactuando».

Del mismo modo en que el iPod cambió el negocio de la venta de música, Jobs y el iPad crearon nuevas posibilidades para los libros electrónicos. El iPad era un reproductor de música, una consola portátil de videojuegos y un navegador de Internet, pero también era un lector de libros. Hasta que salió el iPad, Amazon y su Kindle habían dominado el sector. Ahora, con otro dispositivo y la tienda iBookstore, las editoriales tenían algo más que decir al respecto de los precios de sus ebooks, y los lectores contaban con más opciones.

Apple vendió siete millones y medio de iPads entre abril y finales de septiembre de 2010. En conjunto —con aquel producto nuevo, el gran éxito del iPhone y unos Macs renovados—, las ventas de Apple alcanzaron los 65.000 millones de dólares a finales del periodo fiscal de 2010. Habían crecido un 50 por ciento en un año, y sus beneficios ascendieron a 14.000 millones de dólares, o 21 centavos por dólar vendido, más o menos el triple de la media.

De este modo, en mayo de 2010 Apple se convirtió en la compañía tecnológica más valiosa del mundo según la cotización de sus acciones, valorada por los inversores en 222.000 millones de dólares, justo por encima de los 219.000 millones de Microsoft. Sin embargo, mientras que el valor de Microsoft permanecería más o menos estabilizado a lo largo de 2011, el de Apple continuaría disparado para cerrar 2011 en los 376.000 millones de dólares.

Aun así, Jobs estaba concentrado en otras cosas, las metas personales que se había establecido para atravesar su enfermedad. Estaba construyéndose un elegante yate en el que esperaba poder viajar algún día con su familia. Como había cantado Dylan, «He not busy being born is busy dying» («el que no se dedica a nacer se dedica a morir»), y Jobs se dio cuenta de que si no continuaba haciendo planes para el futuro, no tendría futuro ninguno.

Su hijo Reed y él se adoraban, y Steve deseaba con toda su alma ver a su hijo graduarse en el instituto. Tal y como reveló en su momento, en un e-mail que envió desde la ceremonia cuando esta tuvo lugar en junio de 2010: «Hoy es uno de mis días más felices». En una fiesta aquella noche, Reed bailó con todos y cada uno de los miembros de su familia. Y con su padre, en un momento de lo más memorable.

La relación de Steve con sus hijas era más complicada. Lisa, que ya había cumplido los treinta, fue a visitarlo un par de veces a Memphis, y a continuación ella y su padre pasaron por otro de esos periodos de meses sin una sola llamada de teléfono siquiera. En 2011, Lisa regresó a Palo Alto a verlo.

La más pequeña, Eve, a punto de entrar en la adolescencia, tenía la fuerza de voluntad y la determinación de su padre, y fue la más eficaz a la hora de hacerle saber lo que ella esperaba.

Erin, en plena adolescencia, estaba deseando asistir con su padre a la ceremonia de entrega de los Oscar en 2010, pero él no llegó a enterarse. Sin embargo, sí fue capaz de cumplir la promesa de llevarla a Kyoto, en Japón. Habían planeado el viaje en 2008, aunque hubo que posponerlo cuando Jobs se puso tan mal. En un principio, volvió a posponerlo en 2010, pero lo hicieron finalmente en julio. Igual que Lisa, Erin disfrutó de la posibilidad de comer sushi y fideos de soba con su padre, y de visitar templos zen budistas, una experiencia que genera un vínculo especial. Le reconoció a Isaacson que su padre no era siempre muy atento, pero que tampoco suponía un problema.

—Sé que el trabajo que está haciendo es muy importante —le dijo—. Y, de verdad, no necesito más atención.

A finales de 2010, el cáncer volvió a recrudecerse. Durante una temporada, Steve no pudo comer y tuvo que ser alimentado por vía intravenosa. Estaba débil y sufría de unos dolores cada vez más fuertes. Su peso cayó hasta los cincuenta y dos kilos, más de veinte kilos por debajo de lo normal. Laurene buscó especialistas en trastornos alimentarios y de otros tipos, pero eso no fue de ayuda.

En enero de 2011, Steve Jobs se tomó otra baja médica para «concentrarme en mi salud». Los meses siguientes fueron una sucesión de altibajos, conforme los médicos iban probando nuevos tratamientos. Mejoraba y recaía. En febrero cumplió los cincuenta y seis años, y en marzo volvía a comer y se sentía con más fuerzas. Se recuperó lo suficiente como para presentar el nuevo iPad 2, más ligero y brioso, con su fantástica tapa magnética. La multitud le aclamó cuando subió al escenario y se puso en pie para dedicarle una ovación. Consiguió aparecer una vez más el 6 de junio para presentar el servicio iCloud de Apple, que permitiría a los usuarios sincronizar y almacenar su música, sus fotos y otros archivos

digitales en un único centro de almacenamiento y organización digital.

Una por una, las personas con las que había trabajado,
lidiado, a las que había reprendido y amado fueron pasando a verle para despedirse. Bill Gates entró por esa puerta de
atrás que solía permanecer abierta, y pasó tres horas con él
charlando sobre sus recuerdos y sobre tecnología, educación
y sus familias. Jobs y él coincidieron en lo afortunados que
habían sido al elegir bien a las mujeres con quienes se casaron
y al haber tenido unos hijos tan buenos.

Pero jamás podrían estar completamente de acuerdo. Gates felicitó a Jobs por salvar Apple y por todas las «cosas tan increíbles» que había creado. Admitió que el enfoque de Steve del
todo en uno, el de hacer el software y también el hardware, había funcionado. «Tu modelo también funcionó», diría Jobs
sobre el punto de vista de Microsoft centrado solo en el software.

Ambos, por supuesto, seguían convencidos de que su forma de verlo era la mejor.

Steve Jobs estuvo cerca de morir un par de veces a lo largo del verano, aunque logró reponerse. Pasó tantas veces que
resultaba difícil creer que no saldría adelante. A finales del
verano, Isaacson fue a visitar a Jobs con el fin de repasar las
fotografías para el libro. Demasiado enfermo para sentarse siquiera, Steve estaba hecho un ovillo, en la cama.

Habían hablado sobre su trabajo, sobre lo que le gustaba y
lo que no, y sobre Dios. Steve le dijo que estaba «al cincuenta-

cincuenta en lo de creer en Dios», pero, decía, «me gusta pensar que algo sobrevive después de tu muerte».

Tras reflexionar sobre aquello, añadió:

«Aunque, por otra parte, quizá sea como un botón de encendido y apagado —aquello dibujó una amplia sonrisa en su rostro—. Tal vez sea ese el motivo por el que nunca me gustó incluir botones de encendido y apagado en los dispositivos de Apple».

En esa última visita, Isaacson le preguntó por qué había accedido a hacer el libro, teniendo en cuenta lo mucho que valoraba su intimidad.

«Quería que mis hijos me conocieran —dijo—. No siempre estuve ahí para ellos, y quería que supieran por qué y que entendieran lo que hice».

Steve le contó a Isaacson que no pensaba leer el libro en una buena temporada, quizá un año. Walter, que tal vez sucumbió al campo de distorsión de la realidad, salió de allí con la sensación de que quizá aún hubiera Steve Jobs para rato.

El 24 de agosto, en cualquier caso, Steve Jobs renunció como consejero delegado de Apple. Quiso hacerlo en persona, aunque necesitara una silla de ruedas para asistir. Ante aquellos consejeros que tan largo tiempo le habían apoyado, leyó una carta que él mismo había escrito:

«Siempre he dicho que, de llegar alguna vez el día en que ya no pudiera cumplir con mis responsabilidades y expectativas como consejero delegado de Apple, sería yo el primero en hacérselos saber. Por desgracia, ese día ha llegado».

Recomendó el nombramiento de Tim Cook como consejero delegado, y añadió: «Estoy convencido de que los momentos más brillantes e innovadores de Apple están aún por llegar. Y estoy deseando presenciarlos y contribuir a su éxito en un nuevo papel».

Aún planeaba trabajar en productos nuevos y en ofrecer sus consejos sobre marketing, mientras fuera capaz de hacerlo.

El 5 de octubre de 2011, en compañía de su esposa, sus hijos y sus dos hermanas, fallecía Steve Jobs.

Ya desde que era joven, Steve le decía a la gente: «La vida es corta, y todos vamos a morirnos realmente pronto». Era algo dramático, pero también era cierto. Esta vida, en particular, fue muy corta, cortísima.

Poco después de su muerte, los admiradores de Steve Jobs dejaron flores en señal de homenaje frente a su casa.

22

Su legado

Por mucho que Steve Jobs llevara años luchando contra el cáncer, su muerte resultó en cierto modo inesperada.

En las horas posteriores al momento en que se dio a conocer la noticia, se produjo una ola de duelo que daba la vuelta al mundo, algo sin precedentes tratándose del ejecutivo de una empresa. La gente acudió a presentar sus respetos frente al cuartel general de Apple en el número 1 de Infinite Loop, en Cupertino; ante el hogar de los Jobs en Palo Alto; a las tiendas Apple desde San Francisco hasta Nueva York y China. Dejaban flores, velas y centenares de notas manuscritas de agradecimiento que pegaban en los escaparates de las tiendas. Dejaban manzanas —enteras y mordidas—, y traían sus iPhones y sus iPads con mensajes de tristeza y reconocimiento.

Fue como si hubiera fallecido una estrella de cine, o del rock. Bono, el cantante de U2, dijo de Steve que era «el Elvis del hardware y el software». Su rostro era portada de todo tipo de revistas, desde *People* a *The Economist,* y muchas publicaciones sacaron números especiales conmemorativos sobre su vida, que se agotaron en un abrir y cerrar de ojos.

En su panegírico, reproducido por el *New York Times,* Mona Simpson incidió en la lealtad de su hermano, en su amor por la belleza, en su increíble tenacidad y en su capacidad para esforzarse en el trabajo. Antes de que perdiera la consciencia por última vez, escribía Simpson, Steve miró a su hermana Patty; luego, durante un largo rato, a sus hijos; a continuación, a la compañera de su vida, Laurene; y después, su mirada se perdió más allá de ellos.

«Las últimas palabras de Steve fueron:

"Oh, vaya. Oh, vaya. Oh, vaya"».

Aun en sus mejores años como hombre de negocios, había dejado muchas cosas a medias. Se había implicado enormemente en los planes para el nuevo cuartel general de Apple, había repasado plano tras plano e insistido en que contara con los huertos de chabacanos que salpicaban el valle cuando él era un niño. Había albergado la esperanza de que Apple ideara una mejor forma de llevar la televisión al gran público. Al percatarse de que muchos niños no disponían ya de los típicos casilleros individuales de los colegios americanos, quiso encontrar el modo de poner los libros de texto a su disposición en formato electrónico, quizá vendiendo iPads con los libros ya instalados.

Dejó una compañía en pleno estallido. La Apple que dirigía era quince veces más grande que la que recibió en 1997. En el periodo fiscal que finalizó antes de su muerte, Apple registró unas ventas de 108.000 millones de dólares, con un crecimiento aún más veloz que el año previo. Casi 24 centavos de cada dólar vendido eran beneficio limpio. Aunque sus computadoras y sus *smartphones* se hallaran entre los más caros del mercado, Apple había vendido más de 72 millones de teléfonos, más de 42 millones de iPods, 32 millones de iPads y casi 17 millones de computadoras en un año.

Steve Jobs se había convertido en un hombre espectacularmente rico, con una fortuna valorada en 7.000 millones de dólares según la revista *Forbes,* de la cual, la mayor parte correspondía a su participación en Disney, seguida de la de Apple.

A lo largo de la historia, solo unos pocos iconos del mundo empresarial han conseguido cambiar el curso de una industria; Steve Jobs rehizo varias. Él no fue el creador de la computadora personal, pero sí la voz y el rostro de su revolución. Él no hizo esas maravillosas películas de Pixar de animación, pero sí consiguió que se convirtieran en realidad. Nos metió Internet y la música digital con elegancia en el bolsillo, y nos hizo la vida más fácil al insistir tanto en que fuera sencillo y divertido usar todos y cada uno de los aparatos de Apple, y por tanto los aparatos que fabricaban muchos otros en respuesta.

Tim Cook, consejero delegado de Apple, se dirige a los empleados durante el funeral de Steve Jobs celebrado en el cuartel general de la compañía.

En un funeral celebrado para los empleados de Apple, Tim Cook, el nuevo consejero delegado, afirmó que una de las lecciones que Jobs le había enseñado era que «lo sencillo puede resultar más difícil que lo complejo. Tienes que hacer un gran esfuerzo para aclararte el pensamiento lo suficiente como para hacer las cosas sencillas, pero al final merece la pena, porque una vez que lo has conseguido, puedes mover montañas».

Resultaría fácil perderse en la extravagancia de Steve Jobs y quedarse con su lado desagradable: sus arrebatos temperamentales, su impaciencia, lo frío e indiferente que podía llegar a ser, lo increíblemente altas que eran sus expectativas y lo exigente que era con quienes lo rodeaban. Simpson contaba en su panegírico que fue capaz incluso de pasar por sesenta y siete enfermeras hasta que dio con tres en las que confiaba.

Sin embargo, en última instancia, él era como sus productos. Su Macintosh tenía poca memoria y carecía de las teclas de cursor; su iMac no tenía disquetera; a su iPod le faltaba un botón de encendido y apagado. Todos eran brillantes y también tenían sus defectos. Pero esas imperfecciones se podían pasar por alto teniendo en cuenta lo alucinante que era el conjunto. Muchos ejecutivos e ingenieros permanecieron en Apple durante años y soportaron las interminables exigencias de Steve Jobs porque bajo su mando llevaban a cabo un trabajo genial, mejor quizá que si lo hubieran hecho de otra manera.

Por mucho que él los presionara, Jobs no quería que la gente con la que él trabajaba intentara imaginar lo que él querría o intentara ser él.

«Uno de los últimos consejos que nos dio, a mí y a todos nosotros —contó Cook—, fue que jamás nos preguntáramos qué haría él, "hagan, sin más, lo que está bien", me dijo».

Más que aparatos electrónicos, lo que Jobs dejó fueron las lecciones que con tanta fuerza expuso en su discurso en Stanford, y en el modo en que vivió su propia vida:

Confió en que los puntos se conectarían. Estaba convencido de que lo importante era el camino.

Siguió los dictados de su corazón. No se conformaba con lo aceptable.

Hizo lo que más le gustaba. Y si no le gustaba lo que hacía, si no creía que era una obra genial, lo rehacía una y otra vez.

Intentó vivir cada día como si fuera realmente importante, antes incluso de padecer cáncer.

Ah, y hay otra cosa más. En una entrevista en 1998 y de nuevo en el discurso de la ceremonia de graduación de Stanford, recordó *The Whole Earth Catalog* («El catálogo de toda la Tierra entera»), una publicación fuera de lo común y muy popular cuando él iba al instituto. El último número, recordaba Steve, llevaba en la contraportada la imagen de un camino en mitad del campo.

El pie de foto decía: «Sigan hambrientos. Sigan siendo unos ilusos».

Y ahora, dijo él, «ese es mi deseo para ustedes».

SIGAN HAMBRIENTOS. SIGAN SIENDO UNOS ILUSOS

Cronología

Cronología

24 de febrero de 1955: nace Jobs. Paul y Clara Jobs lo adoptan y le llaman Steven Paul.

1967: la familia se traslada a Los Altos, en California, para que Steve pueda ir a un colegio mejor.

Diciembre de 1979: Jobs y otros miembros del personal de Apple visitan el Xerox PARC y descubren nuevas tecnologías informáticas, incluidos el mouse y las GUI.

1968: Steve ve la primera computadora personal, el HP 9100A, que era en realidad una enorme calculadora de escritorio.

17 de mayo de 1978: nace la primera hija de Jobs, Lisa Brennan-Jobs.

Hacia 1970: le presentan a Steve Woz Wozniak, futuro cofundador de Apple.

15-17 de abril de 1977: Jobs desvela el Apple II en la West Coast Computer Faire de San Francisco.

Septiembre de 1971: Woz llama a Jobs para hablarle de las cajas azules, capaces de realizar llamadas de teléfono de larga distancia gratuitas. Woz fabrica una, y ambos acaban vendiéndolas.

Febrero de 1977: Markkula contrata a Mike Scott como director de Apple.

Enero de 1977: Apple Computer se traslada a su primera oficina de verdad, en el Stevens Creek Boulevard de Cupertino, California.

Septiembre de 1972: Jobs entra en el Reed College de Portland, Oregón.

Diciembre de 1972: Jobs deja el Reed College tras un único semestre.

3 de enero de 1977: Mike Markkula, un inversor, ofrece 250.000 dólares de capital inicial a cambio de un tercio de la compañía y de que Wozniak deje su trabajo en Hewlett-Packard y se dedique en exclusiva a Apple.

Febrero de 1974: Jobs regresa a casa y consigue un empleo en Atari.

Verano de 1974: Jobs pasa varios meses en la India en busca de guía espiritual.

1 de abril de 1976: Jobs, Wozniak y Ron Wayne fundan oficialmente Apple Computer (Wayne la abandona al poco tiempo).

Primavera de 1976: Jobs recibe el primer pedido de Apple de cincuenta equipos (que se convertirían en el modelo Apple I) y monta el negocio en casa de sus padres.

Marzo de 1975: Se funda el Homebrew Computer Club.

12 de diciembre de 1980: Apple Computer sale a bolsa con un valor de 1.600 millones de dólares, lo que sitúa a Jobs en los 218 millones de dólares.

Febrero de 1981: Jobs toma el control del equipo de desarrollo del proyecto Macintosh.

20 de diciembre de 1996: Apple acepta adquirir NeXT y traer de vuelta a Jobs a la compañía en calidad de consejero del presidente.

29 de noviembre de 1995: Pixar sale a bolsa. La participación del 80 por ciento de Jobs supera por poco el valor de 1.100 millones de dólares.

8 de abril de 1983: Jobs logra convencer a John Sculley, ejecutivo de marketing de PepsiCo, para que se convierta en el nuevo consejero delegado de Apple.

19 de enero de 1983: se anuncia el Apple Lisa, pero obtiene un éxito menor del esperado.

22 de noviembre de 1995: se estrena *Toy Story*, primer largometraje de Pixar, que bate el récord de taquilla en el fin de semana de Acción de Gracias.

Agosto de 1995: nace la segunda hija de Jobs, Erin Siena Jobs.

Septiembre de 1991: nace el hijo de Steve Jobs, Reed Paul Jobs.

Julio de 1991: Jobs llega a un acuerdo con Disney para hacer tres películas con Pixar, incluida *Toy Story*.

18 de marzo de 1991: Jobs se casa con Laurene Powell.

24 de enero de 1984: Jobs da a conocer el Macintosh con un inmenso despliegue en el lanzamiento del producto, que incluye el célebre anuncio «1984», emitido durante el Super Bowl.

31 de mayo de 1985: tras un enfrentamiento con la directiva de Apple y con Sculley, apartan a Jobs de sus responsabilidades en la toma de decisiones, incluida la división mixta Mac/Lisa.

12 de octubre de 1988: Jobs presenta la primera computadora NeXT.

17 de septiembre de 1985: Jobs abandona Apple y funda NeXT, una nueva compañía. En el transcurso de varios meses, Steve vende todas sus acciones de Apple excepto una.

7 de febrero de 1986: Jobs compra Pixar a George Lucas.

Noviembre de 1986: tras la muerte de su madre adoptiva, Clara Jobs, Steve conoce a su madre biológica, Joanne Schieble Jandali Simpson, y a su hermana Mona Simpson.

9 de julio de 1997: Gil Amelio es destituido como consejero delegado de Apple. Jobs continúa como consejero, pero tardará poco en forzar la renuncia de la mayor parte de la directiva.

16 de septiembre de 1997: Jobs se convierte en consejero delegado (CEO) con carácter interino (también llamado iCEO).

6 de agosto de 1997: Bill Gates aparece en pantalla en la Macworld para anunciar que Microsoft invertirá 150 millones de dólares en Apple.

Otoño de 1997: Jobs lanza la campaña publicitaria «Think Different».

10 de enero de 2006: Jobs anuncia el MacBook Pro, pistoletazo de salida en el cambio de Apple a los procesadores Intel.

12 de junio de 2005: Jobs pronuncia el discurso en la ceremonia de graduación de la Universidad de Stanford.

11 de enero de 2005: se da a conocer el iPod Shuffle.

Verano de 1998: nace la hija pequeña de Steve Jobs, Eve Jobs.

6 de mayo de 1998: Jobs presenta el iMac.

20 de noviembre de 1998: Pixar estrena *Bichos*.

31 de julio de 2004: Jobs se somete a cirugía para tratar el cáncer de páncreas.

5 de noviembre de 20 Pixar estrena *Los Increí*

16 de octubre de 200 Jobs abre la tienda iTunes para Windows.

19 de noviembre de 1999: Pixar estrena *Toy Story 2*.

9 de enero de 2001: Jobs presenta iTunes.

5 de enero de 2000: Jobs presenta el nuevo Mac OS X y retira de manera oficial el apelativo de «interino» de su cargo como consejero delegado.

19 de mayo de 2001: Jobs abre la primera tienda Apple en Tysons Corner, Virginia.

Octubre de 2003: diagnostican a Jobs un cáncer de páncreas.

30 de mayo de 2003: Pixar estrena *Buscando a Nemo*.

28 de abril de 2003: abre la tienda iTunes para Mac.

7 de enero de 2002: Jobs presenta el iMac G4 con la primera pantalla plana.

23 de octubre de 2001: Jobs anuncia el iPod y estrena la icónica campaña publicitaria de las siluetas.

2 de noviembre de 20 Pixar estrena *Monsters*

Febrero de 2006: la tienda iTunes vende su canción número mil millones.

9 de junio de 2006: Pixar estrena *Cars*.

5 de mayo de 2006: Disney compra Pixar, y Jobs se convierte en el mayor accionista individual de Disney.

9 de enero de 2007: Jobs lanza el iPhone y elimina la palabra *Computer* del nombre de Apple.

29 de junio de 2007: Pixar estrena *Ratatouille*.

7 de agosto de 2007: Apple rediseña el iMac.

5 de enero de 2008: Jobs presenta el MacBook Air.

Marzo de 2008: la revista *Fortune* desvela los problemas de cáncer de Steve Jobs.

27 de junio de 2008: Pixar estrena *Wall-E*.

11 de julio de 2008: abre la tienda App.

14 de enero de 2009: Jobs se toma una segunda baja médica.

21 de marzo de 2009: Jobs vuela a Tennessee para someterse a un trasplante de hígado.

9 de septiembre de 2009: Jobs hace su primera aparición pública tras el trasplante.

29 de mayo de 2009: Pixar estrena *Up*.

27 de enero de 2010: Jobs presenta el iPad.

25 de mayo de 2010: Apple supera a Microsoft como la compañía tecnológica más valiosa.

24 de junio de 2010: Jobs presenta el iPhone 4.

18 de junio de 2010: Pixar estrena *Toy Story 3*.

17 de enero de 2011: Jobs se toma otra baja médica.

2 de marzo de 2011: pese a encontrarse de baja, Jobs presenta el iPad 2.

7 de junio de 2011: Jobs muestra al Ayuntamiento de Cupertino los planos de la nueva sede de Apple.

24 de junio de 2011: Pixar estrena *Cars 2*.

24 de agosto de 2011: Jobs renuncia oficialmente al puesto de consejero delegado de Apple.

5 de octubre de 2011: Steve Jobs muere.

Fotografía del interior de la carcasa original del Macintosh con las firmas de todos los integrantes del equipo (por cortesía del hermano de la autora, Brad Blumenthal).

Nota de la autora

En mi primer trabajo como periodista de economía a comienzos de los años ochenta, escribí sobre tecnología y sobre el nuevo sector de las computadoras personales en el *Dallas Morning News*. También escribí y edité artículos sobre Compaq y Dell, competidores de Apple, para el *Wall Street Journal*. Nunca tuve la oportunidad de ver a Steve Jobs en acción, pero sin duda alguna seguí tanto su carrera como los éxitos y fracasos de Apple a lo largo de casi tres décadas.

A principios de 2011 tuve la ocasión de trabajar en un proyecto con la profesora Cynthia Montgomery, de la Harvard Business School, que incluía un análisis detallado de las estrategias de dirección de Steve Jobs a lo largo de su carrera. Aquello fue una experiencia reveladora, y cuando este libro irrumpió en el horizonte, la profesora Montgomery tuvo la generosidad de darme permiso para utilizar sus notas de investigación, un elemento que se convirtió en mi punto de partida.

Estoy muy agradecida a Terry Anzur y a Carlton Ho por ponerme al corriente sobre la promoción del 72 del Instituto Homestead; a Rob Cook, jubilado de Pixar, y a Dave Culyba, de Carnegie Mellon, por explicarme las matemáticas de la animación por computadora; y a mis compañeros del *Wall Street Journal* Walt Mossberg, Jim Carlton y Steve Yoder por dedicar su tiempo a compartir conmigo sus ideas sobre Steve Jobs. Gracias también a Brad Blumenthal y a Otis Ginoza por las fotografías que me han proporcionado.

Me encuentro en deuda, como siempre, con los laboriosos empleados de la Biblioteca Pública de Dallas, en especial a los de Préstamo Interbibliotecario, donde mantienen los libros en constante movimiento a pesar de los interminables y profundos recortes presupuestarios a los que se ven sometidos.

«Los verdaderos artistas cumplen», dijo Steve Jobs; y yo he tenido la increíble fortuna de trabajar con una inmensa cantidad de verdaderos artistas. La perspicaz y asombrosa Jean Feiwel ideó este proyecto y me lo confió, y ella y Lauren Burniac han sido las mejores editoras, un respaldo de principio a fin. He podido apoyarme en Jane Liddle y en sus correcciones, las más eficientes del mundo; Katie Cline, Rich Deas y Ashley Halsey aportaron su creatividad al diseño; Anna Roberto, Holly West y Debbie Cobb reunieron las fotografías; y Nicole Moulaison y Dave Barrett lo han juntado todo y lo han convertido en un libro de verdad.

Tengo que dar las gracias de manera especial a mi agente, Ken Wright, el mejor socio que se puede pedir en este mundillo. Diana Fenves y Ellen McIntosh —con su nombre tan al caso— se lanzaron a echar una mano con la investigación, y Ellen compiló un borrador del glosario. Becky Bull realizó un viaje especial a los archivos de la Universidad de Stanford para leerse los prospectos originales de Apple.

Para terminar, agradezco especialmente a mi familia —Scott, Abby y Jenny— que se leyeran los borradores, me escucharan y me brindaran su increíble apoyo aun cuando yo desaparecía durante días y días. Ellos sí que son de una genialidad demencial.

Bibliografía

Dado que Steve Jobs irrumpió ante los focos a los veintipocos años, al inicio de la revolución tecnológica, y permaneció allí durante toda su vida, ha sido objeto de una cantidad enorme de libros y artículos de periódicos y revistas. Al menos diez libros narran alguna parte de la historia de la compañía Apple, y otro montón se centra en él en exclusiva. Además, Jobs aparece en los títulos que hablan de Pixar y Atari, y en las memorias de John Sculley y de Steve Wozniak, entre otros.

Con su buena presencia, su labia y su pasión genuina, Jobs era perfecto para las portadas, y así ocupó ocho veces la de la revista *Time* y al menos otra docena la de *Fortune*. Salió también en las portadas de *Rolling Stone, Inc., Wired, Newsweek* y la que hoy se llama *Bloomberg Businessweek*.

Al escribir este volumen consulté la mayor parte de los libros publicados sobre Apple, Jobs y sus compañías relacionadas y antiguos compañeros, un gran número de artículos de portada, y muchos, muchos otros reportajes especiales y noticias. Además, me entrevisté con algunos de sus antiguos compañeros de clase para poder entender mejor sus años escolares, escuché otras tantas historias, seguí la pista de los documentos originales de Apple y de Pixar, y mantuve conversaciones con periodistas de gran relevancia que cubrieron las noticias en las que Jobs era el centro. Una gran cantidad de videos de YouTube me permitió verle hablar y desvelar algunos de los productos más icónicos de Apple.

Alguna que otra fuente merece una mención extra: a comienzos de los ochenta, el periodista Michael Moritz tuvo acceso a Jobs, a su familia y a sus amigos para documentarse con miras a escribir un libro sobre la fundación de Apple hasta que aportó cierta parte de esa documentación a la revista *Time*. Después de que un editor de Nueva York exprimiera la historia y esta se convirtiera en «The Updated Book of Jobs», Steve Jobs le cerró el grifo a Moritz, pero tanto aquella historia como el libro de este, *The Little Kingdom,* rebosan de documentación detallada sobre los primeros años del fundador de Apple. Prácticamente todos los libros y artículos que versan sobre esa primera etapa de Jobs se basan en la documentación original de Moritz. Una extensa entrevista en *Playboy* y una entrevista oral del Smithsonian, ambas disponibles en línea, aportan muchas de las piezas de lo que hoy conocemos acerca de la infancia, la adolescencia y la época universitaria de Steve Jobs.

Walter Isaacson, notable biógrafo y antiguo editor de la revista *Time*, comenzó en 2009 una biografía autorizada de Jobs. A lo largo de dos años, ambos se reunieron más de cuarenta veces; asimismo, Isaacson entrevistó a decenas de personas entre amigos, familiares y compañeros de trabajo que le proporcionaron una visión extraordinaria del personaje. La lectura de las más de quinientas páginas de su biografía, *Steve Jobs*, resulta valiosa para el lector más ambicioso, aquel que busque la versión más detallada de su vida, tan notable y fuera de lo común.

Más allá de los libros, algún que otro periodista ha seguido la carrera de Jobs durante años. Brent Schlender, ex compañero del *Wall Street Journal* y articulista de *Fortune* desde mucho tiempo atrás, escribió una buena cantidad de reportajes cargados de perspicacia y grandes anécdotas. También Steven Levy, de *Newsweek* y *Wired*, y Jeff Goodell, de *Rolling Stone*, abrieron algunas sendas nuevas con sus historias, al igual que otros tantos autores del *Wall Street Journal*, incluido el columnista Walt Mossberg, los reporteros Jim Carlton, Pui-Wing Tam y Nick Wingfield, y los escritores del *New York Times* Steve Lohr y John Markoff.

Para quienes deseen una mayor aproximación a aquellos años iniciales, existe un discurso y mucho material de Apple de aquella época disponible a través de la página web del Computer History Museum; y si lo que quieres es ver cómo un maestro lleva a cabo sus presentaciones, haz lo que recomiendan muchas empresas: entra en YouTube a ver los lanzamientos de sus productos.

Libros y artículos de revistas

Brennan, Chrisann. «Jobs at 17: Nerd, Poet, Romantic», *Rolling Stone*, 27 de octubre de 2011, pág. 42.

Butcher, Lee. *Accidental Millionaire: The Rise and Fall of Steve Jobs at Apple Computer*, Nueva York, Paragon House Publishers, 1988.

Carlton, Jim. *Apple: The Inside Story of Intrigue, Egomania, and Business Blunders*, Nueva York, HarperBusiness, 1998.

Cocks, Jay. «The Updated Book of Jobs», *Time*, 3 de enero de 1983.

Cohen, Scott. *ZAP! The Rise and Fall of Atari*, Nueva York, McGraw-Hill Book Company, 1984.

Cringely, Robert X., narrador. *Steve Jobs: The Lost Interview*, película dirigida por Paul Sen, producida por John Gau y Paul Sen, 2011.

Deutschman, Alan. *The Second Coming of Steve Jobs*, Nueva York, Broadway Books, 2000.

Elkind, Peter. «The Trouble with Steve Jobs», *Fortune*, 5 de marzo de 2008.

Freiberger, Paul, y Michael Swaine. *Fire in the Valley: The Making of the Personal Computer, 2nd edition*, Nueva York, McGraw-Hill, 2000.

Goodell, Jeff. «The Steve Jobs Nobody Knew», *Rolling Stone,* 27 de octubre de 2011, págs. 36-45.

Hertzfeld, Andy. *Revolution in the Valley,* California, O'Reilly Media, Inc., 2005.

Isaacson, Walter. *Steve Jobs,* Nueva York, Simon & Schuster, 2011 (en español: *Steve Jobs,* Barcelona, Debate, 2011).

Jobs, Steve. Discurso en la ceremonia de graduación de la Universidad de Stanford, 12 de junio de 2005. A través de http://news.stanford.edu/news/2005/june15/jobs-061505.html.

Kahney, Leander. *Inside Steve's Brain,* Nueva York, Porfolio, 2008.

Kawasaki, Guy. *The Macintosh Way,* Glenview, Ill.: Scott Foresman & Company, 1988, a través de http://guykawasaki.typepad.com/TheMacintoshWay.pdf.

Levy, Steven. *Insanely Great: The Life and Times of Macintosh, the Computer that Changed Everything,* Nueva York: Penguin Books, 2000.

—. *The Perfect Thing: How the iPod Shuffles Commerce, Culture, and Coolness,* Nueva York, Simon & Schuster, 2006.

Linzmayer, Owen W. *Apple Confidential 2.0: The Definitive History of the World's Most Colorful Company,* San Francisco, No Starch Press, 2008.

Lohr, Steve. «Creating Jobs», *New York Times Magazine,* 12 de enero de 1997.

Markoff, John. *What the Dormouse Said: How the 60s Counterculture Shaped the Personal Computer Industry*, Nueva York, Viking, 2005.

Moritz, Michael. *The Little Kingdom: The Private Story of Apple Computer*, Nueva York, William Morrow & Company, Inc., 1984.

Morrow, Daniel. Extracto de su entrevista oral a Steve Jobs, Smithsonian Institution Oral and Video Histories, 20 de abril de 1995, acceso en línea.

Paik, Karen. *To Infinity and Beyond! The Story of Pixar Animation Studios*, San Francisco, Chronicle Books, 2005.

Price, David A. *The Pixar Touch: The Making of a Company*, Nueva York, Vintage Books, 2009.

Rose, Frank. *West of Eden: The End of Innocence at Apple Computer*, Nueva York, Viking, 1989.

Rosenbaum, Ron. «Steve Jobs and Me», *Slate.com*, 7 de octubre de 2011.

Schlender, Brent. «How Big Can Apple Get?», *Fortune*, 21 de febrero de 2005.

—. «Something's Rotten in Cupertino», *Fortune*, 3 de marzo de 1997.

—. «The Three Faces of Steve», *Fortune*, 9 de noviembre de 1998.

Sculley, John, y John A. Byrne, *Odyssey: Pepsi to Apple… A Journey of Adventure, Ideas and the Future*, Nueva York, Harper & Row Publishers, 1987 (en español: *De Pepsi a Apple*, Barcelona, Ediciones B, 1988).

Sheff, David. «*Playboy* Interview: Steven Jobs», *Playboy*, 1 de febrero de 1985, acceso en línea.

Simpson, Mona. *A Regular Guy*, Nueva York, Vintage Books, 1996.

Stross, Randall E. *Steve Jobs and the NeXT Big Thing*, Nueva York, Atheneum, 1993.

Wozniak, Steve, y Gina Smith. *iWoz: Computer Geek to Cult Icon*, Nueva York, W. W. Norton & Company, 2006.

Young, Jeffrey S. *Steve Jobs: The Journey is the Reward*, edición para Kindle, 1988.

Recursos web

Reunión anual, 1983, acceso a través de YouTube.com: http://www.youtube.com/watch?v=lSiQA6KKyJo.

Bill Gates acerca del Macintosh Software Dating Game, 1983: http://www.youtube.com/watch?v=NVtxEA7AE Hg&feature=fvwrel.

Computer History Museum, computerhistory.org.

Funeral de Steve Jobs en Apple: http://www.thedailybeast. com/articles/2011/10/25/apple-s-steve-jobs-memorial-service-watch-video-of-5-moving-moments.html.

Patentes de Jobs, cuadro interactivo, *New York Times:* http:// www.nytimes.com/interactive/2011/08/24/ technology/ steve-jobs-patents.html.

Anuncio de LifeSavers de Pixar, 1990, acceso a través de YouTu-be.com: http://www.youtube.com/watch?v=Fe6FfROGwqk.

Anuncios de Listerine realizados por Pixar, 1991 y 1992, acceso a través de YouTube.com: http://www.youtube.com/watch?NR=1& v=mFjvu3rFysA; http://www.youtube.com/watch?NR= 1&v=lDU5KSMeDAs.

Pixar, «How We Do It»: http://www.pixar.com/howwedoit/index.html.

Notas

Introducción

Jobs, discurso en la ceremonia de graduación, Universidad de Stanford, 12 de junio de 2005, a través de http://news.stanford.edu/news/2005/june15/jobs-061505.html.

Capítulo 1: Semillas

Jobs, discurso en la ceremonia de graduación de Stanford; Isaacson, *Steve Jobs,* págs. 3-20; Moritz, *The Little Kingdom,* págs. 36-40; Goodell, «The Steve Jobs Nobody Knew», pág. 38; Morrow, extracto, Smithsonian Oral History; Sheff, entrevista en *Playboy;* Sculley, *Odyssey,* pág. 166; Cocks, «The Updated Book of Jobs».

Capítulo 2: Woz

Moritz, *The Little Kingdom,* págs. 54-56; datos del censo de los Estados Unidos; Morrow, extracto, Smithsonian; Sheff, *Playboy;*

cronología interactiva de Hewlett-Packard, www.hp.com; Isaacson, *Steve Jobs*, págs. 14-19, 31; Frieberger y Swaine, *Fire in the Valley*, págs. 11-13. El primer uso de la expresión «Silicon Valley» se atribuye a Don Hoeffler, periodista de la publicación *Electronic News*, en 1971. Young, *Steve Jobs*, localización Kindle 1285-1307; «The Hippies», *Time*, 7 de julio de 1967; entrevistas con Terry Anzur y Carlton Ho; Cringely, *Steve Jobs: The Lost Interview*; Bill Fernandez, en *The Last Thing*, PBS, emitido en noviembre de 2011; Wozniak, *iWoz*, págs. 54-55, 60-71, 86-91; Isaacson, *Steve Jobs*, págs. 25-27.

Las versiones acerca de cuándo se conocieron Jobs y Wozniak no coinciden. Algunas afirman que Jobs se encontraba en su segundo curso de instituto, lo que significaría que tenía catorce o quince años, pero la mayoría asegura también que Wozniak había ido ya dos años a la universidad y que se estaba tomando un año sabático cuando se conocieron. De ser así, Jobs ya habría cumplido los quince y estaría en su tercer año de instituto, porque se llevaban cuatro cursos el uno al otro.

Capítulo 3: Los *phreaks*

Wozniak, *iWoz*, págs. 88-118; Moritz, *The Little Kingdom*, págs. 66-79; Isaacson, *Steve Jobs*, págs. 18-19; Sheff, *Playboy*; entrevista con Carlton Ho. Por si te interesa, el apellido del director era Bryld. «The Vietnam Lotteries», U. S. Selective Service System History and Records, www.sss.gov/lotter1.htm; Rosenbaum, «Steve Jobs and Me», Markoff, *What the*

Dormouse Said, pág. xvii; Brennan, «Jobs at 17: Nerd, Poet, Romantic», Goodell, «The Steve Jobs Nobody Knew».

Capítulo 4: La universidad

Moritz, *The Little Kingdom,* págs. 86-101; Isaacson, *Steve Jobs,* págs. 33-55; e-mail de Gay Walker, Special Collections Librarian, Reed College, 31 de octubre de 2011; Young, *Steve Jobs,* localización Kindle 1647-1900; Markoff, *What the Dormouse Said,* págs. xviii-xvix; discurso en la ceremonia de graduación de Stanford. En su discurso de 2005, Jobs afirma que dejó la universidad después de seis meses y que se quedó allí otros dieciocho más. Sin embargo, los artículos de prensa y los libros publicados en los años ochenta afirman que duró un semestre en Reed y que se quedó otro año más después de dejar los estudios. Cocks, «The Updated Book of Jobs»; Sheff, *Playboy;* Young, *Steve Jobs,* localización Kindle 1947-1953.

Una lista de lecturas para la universidad

Moritz, *The Little Kingdom,* págs. 89-92.

Capítulo 5: La búsqueda

Young, *Steve Jobs,* localización Kindle 1947-2200; Moritz, *The Little Kingdom,* págs. 92-101; Isaacson, *Steve Jobs,* págs. 42-55. Jobs le dijo a Isaacson que pasó siete meses en la India, pero eso no parece probable en tanto que comenzó a trabajar en Atari en febrero de 1974 y ya estaba en la India en verano. Las versiones de los años ochenta sostienen que regresó en otoño, lo que nos dejaría con un viaje de unos pocos meses. Sheff, *Playboy;* Cohen, *ZAP!,* págs. 36, 54-57; Wozniak, *iWoz,* págs. 144-148.

Capítulo 6: Apple

Wozniak, *iWoz,* págs. 155-177; Freiberger y Swaine, *Fire in the Valley,* págs. 51-53; Frederic Golden, «Big Dimwits and Little Geniuses», *Time,* 3 de enero de 1983; Wozniak, «Homebrew and How the Apple Came to Be», www.atariarchives.org; Moritz, *The Little Kingdom,* págs. 123-142; Isaacson, *Steve Jobs,* págs. 63-67.

Apple contra Apple

Alex Salkever, «John, Paul, George, Ringo… and Steve», *BusinessWeek,* 30 de septiembre de 2004; Richard B. Schmitt, «Sour Apples: Beatles Sue Computer Firm in Trademark Flap», *Wall Street Journal,* 22 de febrero de 1989; «Apple Inc. and The Beatles' Apple Corps Ltd. Enter Into New Agreement», comunicado de prensa de Apple Inc., 5 de febrero de 2007.

Capítulo 7: El garaje

Moritz, *The Little Kingdom,* págs. 142-179; Wozniak, *iWoz,* págs. 176-186; Isaacson, *Steve Jobs,* págs. 67-77; *Interface,* julio de 1976, a través de www.applefritter.com; Wozniak, *iWoz,* págs. 177-199; Young, *Steve Jobs,* localización Kindle 3535-4046.

Un poco verde aún

Manual de instrucciones del Apple I, a través del Computer History Museum, www.computerhistory.org.

Capítulo 8: Apple II

Moritz, *The Little Kingdom*, págs. 177-178, 198-211, 249; John Markoff, «An 'Unknown' Co-Founder leaves After 20 Years of Glory and Turmoil», *New York Times*, 1 de septiembre de 1997; Wozniak, *iWoz*, págs. 196-201, 211-220; Jay Yarrow, «Interview with Apple's First CEO Michael Scott», *Business Insider*, 24 de mayo de 2011; Isaacson, *Steve Jobs*, págs. 82-91; folleto del Apple II, a través del Computer History Museum, www.computerhistory.org; Chris Espinosa, «0x22», post en el blog: http://cdespinosa.posterous.com/0x22, 17 de marzo de 2011; Alex Pang, editor, entrevista con Chris Espinosa, 13 de junio de 2000, a través de http://www.sul.stanford.edu/mac/primary/interviews/espinosa/index.html; Ben Rosen, «Memories of Steve» *huffingtonpost.com;* 24 de octubre de 2011, Elkind, «The Trouble with Steve Jobs».

Jerga informática

Wozniak, *iWoz*, págs. 168-172, 180-192.

Capítulo 9: Millonario

Sheff, *Playboy;* Moritz, *The Little Kingdom*, págs. 268-301; Morrow, extracto, Smithsonian; Isaacson, *Steve Jobs*, págs. 92-

101; Alex Pang, entrevista con Dean Hovey, 22 de junio de 2000, a través de http://www.sul.stanford.edu/mac/primary/interviews/hovey/trans.html; Grady Booch, una historia contada por Andy Hertzfeld y Bill Atkinson, 8 de junio de 2004, Computer History Museum; Young, *Steve Jobs*, localización Kindle 4865-5942; Linzmayer, *Apple Confidential*, págs. 41-43, 59-61; Wozniak, *iWoz*, págs. 222-233, 148-149; prospecto de salida a bolsa, Apple Computer Inc., 16 de diciembre de 1980; Tom Zito, «The Bang Behind the Bucks», *Newsweek Access*, otoño de 1984.

Capítulo 10: Piratas

Jobs, discurso en la ceremonia de graduación de Stanford; Young, *Steve Jobs*, localizaciones Kindle 5647-5653, 6880-6885; Levy, *Insanely Great*, págs. 158-159; Isaacson, *Steve Jobs*, págs. 112, 131-132, 142-145, 177-179; Hertzfeld, *Revolution in the Valley*, págs. 19, 24-25, 29-30, 46, 166-167; Linzmayer, *Apple Confidential*, págs. 92, 112; Steven Levy, «The Revolution According to Steve Jobs», *Wired.com*, 29 de noviembre de 2011; Moritz, *Little Kingdom*, pág. 132; Butcher, *Accidental Millionaire*, págs. 151-152; Rose, *West of Eden*, pág. 56.

«Manzanitas» para los profes

Young, *Steve Jobs*, localización Kindle 4652-4657; Sheff, *Playboy.*

Capítulo 11: Sculley

Sculley, *Odyssey*, págs. 61, 90, 107-108, 130, 155; Isaacson, *Steve Jobs*, págs. 162-210. Isaacson sostiene que la agencia jamás intentó vender el tiempo de publicidad, se limitó a informar a Apple de que lo había hecho. Levy, *Insanely Great*, págs. 180-182, 192; Bro Uttal, «Behind the Fall of Steve Jobs», *Fortune*, 5 de agosto de 1985, págs. 20-24; Rose, *West of Eden*, págs. 178, 201, 248-253; Sheff, *Playboy*; Patricia A. Bellew, «Apple Computer Co-Founder Wozniak Will Leave Firm, Citing Disagreements», *Wall Street Journal*, 7 de febrero de 1985; Gary Wolf, «The World According to Woz», *Wired*, junio de 2009; Patricia A. Bellew, «Apple Computer Attempts to Deal with Unrest Caused by Defections and New-Product Problems», *Wall Street Journal*, 1 de marzo de 1985; Associated Press, «No job for Jobs Apple chief», *Chicago Sun-Times*, 26 de julio de 1985; Carolyn Friday, «Showdown in Silicon Valley», *Newsweek*, 29 de septiembre de 1985.

Ídolos

Michael Krantz, «Apple and Pixar: Steve's Two Jobs», *Time*, 18 de octubre de 1999; Sculley, *Odyssey*, págs. 162, 285; Sheff, *Playboy*; Kahney, *Inside Steve's Brain*, pág. 178.

Capítulo 12: NeXT

Jobs, discurso en la ceremonia de graduación de Stanford; Cringely, *Steve Jobs: The Lost Interview*; Isaacson, *Steve Jobs*, págs. 211-225; Michael W. Miller, «Apple's Jobs to Sell 850,000 Shares Valued at More Than $13.5 Million», *Wall Street Journal,* 2 de agosto de 1985; Patricia Ballew Gray y Michael W. Miller, «Apple Chairman Jobs Resigns, Citing Firm's 'Hostile' Response to New Venture», *Wall Street Journal,* 18 de septiembre de 1985; Linzmayer, *Apple Confidential,* págs. 207-213; Joe Nocera, «The Second Coming of Steve Jobs», en *Good Guys & Bad Guys;* Katherine M. Hafner y Richard Brandt, «Steve Jobs: Can He Do It Again?», *BusinessWeek,* 24 de octubre de 1988; Phil Patton, «Steve Jobs: Out for Revenge», *New York Times Magazine,* 6 de agosto de 1989; Andrew Pollack, «Can Steve Jobs Do It Again?», *New York Times,* 8 de noviembre de 1987; Alan Deutschman, «Steve Jobs' Next Big Gamble», *Fortune,* 8 de febrero de 1993; Stross, *Steve Jobs,* págs. 3, 233, 291; Deutschman, *Second Coming,* págs. 119-123, 142-143, 156-157; G. Pascal Zachary y Ken Yamada, «What's Next? Steve Jobs's Vision, So on Target at Apple, Now Is Falling Short», *Wall Street Journal,* 25 de mayo de 1993; Price, *Pixar Touch,* págs. 93-101, 114-116; Ken Siegmann, «Pixar Can't Seem to Animate Itself», *San Francisco Chronicle,* 29 de marzo de 1991.

Gracias a NeXT por la World Wide Web
Paul Andrews, «Scientist's Modest Proposal Spins into World Wide Web», *Seattle Times,* 7 de junio de 1998; Josh Quitt-

ner, «Network Designer Tim Berners-Lee», *Time,* 29 de marzo de 1999; Charles Arthur, «Berners-Lee says Jobs made computing 'usable rather than infuriating'», publicación blog, *Guardian.co.uk,* 16 de octubre de 2011; Sir Timothy Berners-Lee, «Longer bio», página web personal, http://www.w3.org/People/Berners-Lee/Longer.html.

Capítulo 13: Familia

Isaacson, *Steve Jobs,* págs. 250-283, 294, 556; Levy, *Insanely Great,* pág. 143; Rose, *West of Eden,* pág. 64; Deutschman, *Second Coming,* págs. 21, 72-74, 138-141, 157-160; «Quotations from Chairman Jobs», *BusinessWeek,* 26 de noviembre de 1984, pág. 155; Steve Lohr, «Creating Jobs», *New York Times Magazine,* 12 de enero de 1997; Cocks, «The Updated Book of Jobs»; Lisa Brennan-Jobs, todos publicados en lisabrennanjobs.net; «Tuscan Holiday», *Vogue,* febrero de 2008; «Driving Jane», *The Harvard Advocate,* primavera de 1999, y «Confessions of a Lapsed Vegetarian», *The Southwest Review,* 2008; James Daly, «Counterculture Hero: Steve Jobs», *Computerworld,* 22 de junio de 1992; Stross, *Steve Jobs,* págs. 281-282; Gary Wolf, «Steve Jobs: The Next Insanely Great Thing», *Wired,* febrero de 1996.

Woodside

Isaacson, *Steve Jobs,* págs. 275-278; Patricia Leigh Brown, «In Silicon Valley, Tear-Down Interrupted», *New York Times,* 15 de julio de 2004; Patricia Leigh Brown, «Free to a Good Home: A Captain of Industry's Rejected Mansion», *New York Times*, 2 de enero de 2005; Henry K. Lee, «Steve Jobs's historic Woodside mansion is torn down», *SFGate.com*, 15 de febrero de 2011.

Capítulo 14: Siliwood

Price, *Pixar Touch*, págs. 130-132, 143-156; Deutschman, *Second Coming*, págs. 176-184; Alan Deutschman, «Steve Jobs' Next Big Gamble», *Fortune*, 8 de febrero de 1993; G. Pascal Zachary y Ken Yamada, «What's Next? Steve Jobs's Vision, So on Target at Apple, Now is Falling Short», *Wall Street Journal*, 25 de mayo de 1993; David A. Kaplan, «High Tech in Toon Town», *Newsweek*, 4 de diciembre de 1995; Brent Schlender, «Steve Jobs' Amazing Movie Adventure», *Fortune*, 15 de septiembre de 1995; Burr Snider, «The *Toy Story* Story», *Wired*, diciembre de 1995; Brent Schlender, «Steve and Me», *Fortune*, 7 de noviembre de 2011; prospecto de salida a bolsa de Pixar Animation Studios, 29 de noviembre de 1995, págs. 21, 54; Thomas R. King, «With *Toy Story*, Disney Banks on a Computer, Unnamed Stars», *Wall Street Journal*, 20 de octubre de 1995; ingresos de *Toy Story* según www.boxofficemojo.com; G. Christian Hill, «Disney's *Toy Story* Places Pixar Owner Back on the Saddle», *Wall Street Journal*, 30 de noviembre de 1995; Schlender, «Something's Rotten in Cupertino», Gary Wolf, «Steve Jobs: The Next Insanely Great Thing», *Wired*, febrero de 1996.

El crucero de la jungla

Brent Schlender, «Pixar's Magic Man», *Fortune,* 17 de mayo de 2006; Price, *Pixar Touch,* pág. 6.

¿Qué tiene que ver la geometría con esto?

Entrevista con Rob Cook, vicepresidente de Pixar jubilado, 19 de diciembre de 2011; «Math in the Movies», Discoveries and Breakthroughs Inside Science, www.aip.org/dbis; «An Interview with Tony DeRose», Mathematical Association of America, www.maa.org, 15 de octubre de 2009; entrevista con Dave Culyba, programador jefe de investigación, Universidad Carnegie Mellon, 8 de diciembre de 2011; Karen Paik, *To Infinity and Beyond! The Story of Pixar Animation Studios,* págs. 15, 139.

Capítulo 15: El regreso

Jobs, discurso en la ceremonia de graduación de Stanford; Steve Lohr, «Creating Jobs», *New York Times Magazine,* 12 de enero de 1997; Lee Gomes, «Apple's Next Step is a Software Gamble», *Wall Street Journal,* 23 de diciembre de 1996; Schlender, «Something's Rotten in Cupertino»; Carlton, *Apple,* págs. 414-430; Isaacson, *Steve Jobs,* págs. 295-321; Cathy Booth, «Steve's Job: Restart Apple», *Time,* 18 de agosto de 1997; Peter Burrows y Ronald Grover, «Steve Jobs's Magic Kingdom», *BusinessWeek,* 26 de enero de 2006; Schlender, «The Three Faces of Steve».

El uniforme de Steve

Isaacson, *Steve Jobs,* págs. 361-362; Josh Quittner, «Apple's New Core», *Time,* 14 de enero de 2002.

Capítulo 16: Diferente

Deutschman, *Second Coming,* págs. 50-57; entrevista con Walt Mossberg, 28 de octubre de 2011; Linzmayer, *Apple Confidential,* pág. 209; Goodell, *Rolling Stone,* 1994; Lohr, «Creating Jobs»; Cathy Booth, «Steve's Job: Restart Apple», *Time,* 18 de agosto de 1997; Michael Krantz, «If You Can't Beat 'Em», *Time,* 18 de agosto de 1997; Isaacson, *Steve Jobs,* págs. 324-338; Nick Bilton, «Steve Jobs, Circa 1997, Reintroducing Apple», *New York Times,* blog Bits, 27 de agosto de 2010; Leander Kahney, «Interview: The Man Who Named the iMac and Wrote Think Different», *CultofMac.com,* 3 de noviembre de 2009; Yumiko Ono, «Some Times Ad Agencies Mangle English Deliberately», *Wall Street Journal,* 4 de noviembre de 1997.

Bill y Steve a escena

Transcripción, «Bill Gates and Steve Jobs at D5», *AllThingsD. com.*

Capítulo 17: Vuelco

Schlender, «The Three Faces of Steve»; Isaacson, *Steve Jobs,* págs. 333-334, 348-357, 364-367, 368-377; Steve Jobs, «Apple's

One Dollar-A-Year Man»; Peter Burrows y Ronald Grover, «Steve Jobs's Magic Kingdom», *BusinessWeek*, 26 de enero de 2006; Michael Krantz, «Apple and Pixar: Steve's Two Jobs», *Time*, 18 de octubre de 1999; Lev Grossman, «How Apple Does It», *Time*, 16 de octubre de 2005; Anne Vandermey, «Stevie Wonder By the Numbers», *Fortune: The Legacy of Steve Jobs, 1955-2011*, pág. 108; John Markoff, «Apple to Post Quarter Profit of $45 million», *Fortune*, 24 de enero de 2000; Peter Burrows y Ronald Grover, *New York Times*, 7 de enero de 1998; Jim Carlton, «Apple Gives Bold Answer to Sub-$1,000 Market», *Wall Street Journal*, 7 de mayo de 1998; Linzmayer, *Apple Confidential*, págs. 295-298; Steven Levy, «The Revolution According to Steve Jobs», *Wired*, diciembre de 2011; Brent Schlender, «Steve Jobs: The Graying Prince of a Shrinking Kingdom», *Fortune*, 14 de mayo de 2001; datos de películas de www.boxofficemojo.com; Brent Schlender, «Steve Jobs' Apple Gets Way Cooler», *Fortune*, 24 de enero de 2000; Elkind, «The Trouble with Steve Jobs»; Geoffrey Colvin, «The Great CEO Pay Heist», *Fortune*, 25 de junio de 2001; Pui-Wing Tam, «Apple Reports First Loss in 3 Years», *Wall Street Journal*, 18 de enero de 2001; «Apple Moves to Scrap Power Mac G4 Cube After Weak Demand», *Wall Street Journal*, 5 de julio de 2001; Jerry Useem, «Apple: America's best retailer», *Fortune*, 8 de marzo de 2007.

El embalaje

Isaacson, *Steve Jobs,* págs. 78, 347; Leander Kahney, «Steve Jobs Awarded Patent for iPhone Packaging», *CultofMac.com,* 22 de julio de 2009; Pete Mortensen, «Meet the Apple Pack Rats», *Wired.com,* 15 de septiembre de 2005; Miguel Helft y Shan Carter, «A Chief Executive's Attention to Detail, Noted in 313 Patents», *New York Times,* 25 de agosto de 2011; Levy, *The Perfect Thing,* págs. 79-80.

Capítulo 18: Música

Schlender, «How Big Can Apple Get?»; Levy, *The Perfect Thing,* págs. 8-11, 21-22, 53, 77-79, 87-118, 197; Kahney, *Inside Steve's Brain,* págs. 186-188; Isaacson, *Steve Jobs,* págs. 382-410, 445-446; Leander Kahney, «Inside Look at Birth of the iPod», 21 de julio de 2004, y «Straight Dope on the iPod's Birth», 17 de octubre de 2006, ambos en *Wired.com;* Rob Walker, «The Guts of a New Machine», *New York Times,* 30 de noviembre de 2003; Josh Quittner, «Apple's New Core», *Time,* 14 de enero de 2002; Goodell, «Steve Jobs: *Rolling Stone's* 2003 Interview», *Rollingstone.com;* Pui-Wing Tam, Bruce Orwall y Anna Wilde Mathews, «Going Hollywood: As Apple Stalls, Steve Jobs Looks to Digital Entertainment», *Wall Street Journal,* 25 de abril de 2003; Steven Levy, «The Revolution According to Steve Jobs», *Wired,* diciembre de 2011; Brent Schlender, «Apple's 21st Century Walkman», *Fortune,* 12 de noviembre de 2001.

La lista de reproducción de Steve

Isaacson, *Steve Jobs,* págs. 411-415.

Capítulo 19: Cáncer

Jobs, discurso en la ceremonia de graduación de Stanford; Schlender, «The Three Faces of Steve»; Isaacson, *Steve Jobs,* págs. 452-460, 476-477, 543; Elkind, «The Trouble with Steve Jobs»; Sharon Begley, «A Medical Gamble», *Newsweek Special Commemorative Issue: Steve Jobs, 1955-2011,* págs. 28-31; Levy, *The Perfect Thing,* pág. 71; *«Forbes* 400», clasificación de 2005, a través de *Forbes.com.*

Capítulo 20: La redención

Nick Wingfield, «Hide the Button: Steve Jobs Has His Finger on It», *Wall Street Journal,* 25 de julio de 2007; Isaacson, *Steve Jobs,* págs. 308-309, 432-443, 465-470, 518-520; Walt Mossberg y Kara Swisher, «The iPad: Past, Present, and Future», *Wall Street Journal,* 7 de junio de 2010; Lev Grossman, «The Apple of Your Ear», *Time,* 12 de enero de 2007; Steve Jobs, «Macworld San Francisco 2007 Keynote Address», en 11 partes, YouTube.com; Amol Sharma, Nick Wingfield y Li Yuan, «Apple Coup: How Steve Jobs Played Hardball in iPhone Birth», *Wall Street Journal,* 17 de febrero de 2007; Betsy Morris, «Steve Jobs Speaks Out», *Fortune,* 7 de marzo de 2008; Price, *Pixar Touch,* págs. 232-244; Fred Vogelstein,

«The Untold Story: How the iPhone Blew Up the Wireless Industry», *Wired*, 9 de enero de 2008; Steve Lohr, «The Power of Taking the Big Chance», *New York Times*, 9 de octubre de 2011; entrevista con Mossberg, 28 de octubre de 2011; informes anuales de Apple Computer Inc., 1999 y 2003, e informes anuales de Apple Inc., 2007 y 2008; John Markoff, «Steve Jobs Walks the Tightrope Again», *New York Times*, 12 de enero de 2007; Malcolm Gladwell, «The Tweaker», *New Yorker*, 14 de noviembre de 2011, págs. 52-55; Nick Wingfield, «Apple Price Cut on New iPhone Shakes Investors», *Wall Street Journal*, 6 de septiembre de 2007; Nick Wingfield, «Apple Opens iPhone to Outside Software», 18 de octubre de 2007; Brian Lam, «Steve Jobs was always kind to me», post en el blog thewirecutter.com, 5 de octubre de 2011; David Carr, «A Lost iPhone Shows Apple's Churlish Side», *New York Times*, 2 de mayo de 2010; Nick Bilton, «Two Charged in Missing iPhone Prototype Case», *New York Times*, blog Bits, 10 de agosto de 2011; John Boudreau, «Beware of the iPhone 'Death Grip'», *San Jose Mercury News*, 26 de junio de 2010; Yukari Iwatani Kane y Niraj Sheth, «Apple Knew of iPhone Issue», *Wall Street Journal*, 16 de julio de 2010.

El escándalo de las acciones
Elkind, «The Trouble with Steve Jobs»; Nick Wingfield, Steve Stecklow y Charles Forelle, «Jobs Helped Pick 'Favorable'

Dates for Option Grants», *Wall Street Journal,* 30 de diciembre de 2006; Laurie J. Flynn, «Apple Says Jobs Knew of Options», *New York Times,* 5 de octubre de 2006; «High Noon for Heinen», *Wall Street Journal,* Law Blog, 14 de agosto de 2008.

Capítulo 21: Vida

Isaacson, *Steve Jobs,* págs. 462-463; 476-489, 538-559, 570-571; Betsy Morris, «Steve Jobs, Obsession, and Those Whales», Wired.com, 7 de octubre de 2011; Schlender, «The Three Faces of Steve»; Adam Lashinsky, «The Decade of Steve», *Fortune,* 23 de noviembre de 2009; Sharon Begley, «A Medical Gamble», *Newsweek Special Commemorative Issue: Steve Jobs, 1955-2011,* págs. 28-31; Kara Scannell y Yukari Iwatani Kane, «SEC Opens Inquiry into Apple Disclosure on Jobs' Health: Source», Dow Jones News Service, 21 de enero de 2009; Yukari Iwatani Kane, «Apple's Jobs Take Medical Leave», *Wall Street Journal,* 15 de enero de 2009; «Jobs' Biography: Thoughts on Life, Death and Apple», npr.org, 25 de octubre de 2011; Stephen Fry, «The iPad Launch: Can Steve Jobs Do It Again?», *Time,* 1 de abril de 2010; Ken Auletta, «Publish or Perish», *New Yorker,* 26 de abril de 2010; Jeffrey A. Trachtenberg, «E-Book Readers Face Sticker Shock», *Wall Street Journal,* 15 de diciembre de 2011; informe anual de Apple Inc., 2011; Yukari Iwatani Kane y Joann S. Lublin, «Apple Chief to Take Leave», *Wall*

Street Journal, 18 de enero de 2011; Schlender, «The Three Faces of Steve».

Capítulo 22: Legado

«Bono Calls Steve Jobs 'The Hardware Software Elvis'», *Wall Street Journal*, blog Speakeasy, 7 de octubre de 2011; Mona Simpson, «A Sister's Eulogy for Steve Jobs», *New York Times*, 30 de octubre de 2011; informe anual de Apple Inc., 2011; Tim Cook, funeral en Apple, acceso en línea; Schlender, «The Three Faces of Steve»; Jobs, discurso en la ceremonia de graduación de Stanford.

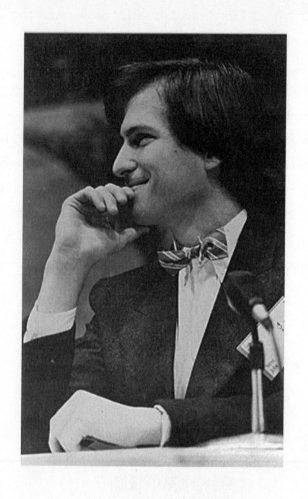

Glosario

app: abreviatura de «aplicación» (procedente del inglés *application*). Las apps pueden ser programas de software que ejecutas en tu computadora, tales como procesadores de texto u hojas de cálculo, o en tu teléfono móvil, como mapas o guías de restaurantes. Los programas de Apple Macintosh llevan un archivo .APP para ejecutarlos (los de Windows usan un .EXE).

BASIC: lenguaje informático desarrollado en los años sesenta para ayudar a los estudiantes a aprender a escribir programas que ahora se pueden utilizar en formas de programación más avanzadas. Es un acrónimo de Beginners All-purpose Symbolic Instruction Code (Código de Aprendizaje Simbólico Genérico para Principiantes).

beneficio: es la cantidad de dinero que resulta de restar todos los gastos de una compañía de la cifra total de ventas o ingresos que ha obtenido. El ingreso o beneficio neto es el que queda después de haber pagado, además, los impuestos.

bit: dígito binario. La unidad más pequeña de datos en informática, expresada como 0 o 1.

bozo: alguien muy torpe o que carece de inteligencia. Uno de los adjetivos preferidos de Jobs para calificar a quienes él creía poco avezados. Una serie de televisión norteamericana de los años sesenta contaba con un personaje que se llamaba «el payaso Bozo». Ronald McDonald, mascota del conocido consorcio de comida rápida que aparecería algo más adelante, guarda un cierto parecido con aquel Bozo original.

byte: unidad almacenable de datos informáticos compuesta de ocho bits. Un byte suele representar un solo carácter, como un número o una letra, si bien algunos lenguajes de programación requieren dos bytes para un carácter.

campo de distorsión de la realidad: nombre que el ingeniero Bud Tribble dio a la capacidad de Steve Jobs a la hora de convencer a los demás para que accedieran a sus exigencias o para que creyeran que lo imposible era posible. El efecto de aquel campo se desvanecía cuando Jobs se marchaba de la habitación.

circuito integrado: también llamado chip informático o microchip, se trata de chips de uso común que contienen diversos componentes electrónicos, como son transistores, resistencias, diodos y condensadores, para hacer cálculos o almacenar datos. Tanto los microprocesadores como los chips de memoria son circuitos integrados.

CPU (Central Processing Unit): unidad central de procesamiento, el cerebro de una computadora, o el procesador, que lleva a cabo operaciones lógicas y matemáticas, y ejecuta comandos de software.

disco duro: también llamado unidad de disco duro. Dispositivo interno de tu computadora donde se almacenan los programas y archivos. Dentro de un disco duro hay una serie de platos circulares y con superficie espejada, hechos de cristal o aluminio, que giran para almacenar y obtener información.

disco flexible (disquete o floppy): es un medio de almacenamiento extraíble. El primer disquete medía 8 pulgadas en diagonal (20,32 cm). La siguiente versión medía 5,25 pulgadas (13,33 cm) y su capacidad era tres veces superior. El de 3,5 pulgadas (8,9 cm), cuya carcasa era ya de plástico duro y por tanto había dejado de ser flexible, tenía una capacidad aún mayor. Aunque la imagen de un disquete sigue siendo el icono en el que se hace clic para guardar el trabajo en la computadora, estos disquetes se han visto reemplazados por otros dispositivos tales como las unidades flash USB y los discos duros externos, y ya es raro verlos hoy.

DOS (Disk Operating System): el primer sistema operativo de las computadoras personales IBM, escrito por Microsoft y a menudo denominado MS-DOS. Le decía a la máquina lo que tenía que hacer a través de comandos muy simples. Windows sustituyó al DOS en los PC. El sistema operativo permite que los programas se ejecuten en la computadora.

gigabyte (GB): cerca de mil millones de bytes de almacenamiento informático, 1.024 megabytes («megas»).

GUI (Graphical User Interface): la interfaz gráfica de usuario consiste en el conjunto de iconos y menús en la pantalla de la computadora a través de la cual el usuario mueve el mouse y se comunica con la máquina. El Apple Macintosh, presentado en 1984, fue el primer equipo con éxito comercial que empleó una interfaz gráfica de usuario.

hardware: son las piezas que componen tu equipo, como la CPU, las unidades de disco y la propia computadora. Los monitores, teclados, altavoces e impresoras son un hardware al que se suele llamar «periférico».

HTML (HyperText Markup Language): lenguaje de marcado de hipertexto; es el lenguaje de las páginas web, que permite que estas se diseñen y desplieguen de forma correcta en tu navegador.

http (HyperText Transfer Protocol): protocolo de transferencia de hipertexto; es el procedimiento por el cual se transfieren los datos a través de la World Wide Web.

kilobyte (KB): 1.024 bytes de almacenamiento informático.

ley de Moore: en 1965, el cofundador de Intel Corporation, Gordon Moore, predijo que el número de transistores de un microprocesador se duplicaría cada dos años, con un gran incremento de potencia en las computadoras conforme pasara el tiempo. Aquella predicción ha venido cumpliéndose y ha pasado a conocerse como la «ley de Moore».

lista de reproducción (o playlist): es una lista ordenada de canciones o videos, como las que transmiten por la radio o escuchas en tu iPod u otro reproductor de música.

Mac OS: el sistema operativo de todas las computadoras Apple, necesario para que estas funcionen. La versión actual en uso es el Mac OS X Lion. Se espera para el verano de 2012 la Mountain Lion (Mac OS 10.8).

megabyte (MB): alrededor de un millón de bytes de almacenamiento informático, o 1.024 kilobytes.

microprocesador: también llamado CPU. Es el cerebro de la computadora, que lleva a cabo operaciones matemáticas, almacena y transfiere datos y procesa instrucciones del software y de otros componentes del hardware. Intel Corporation inventó el primer microprocesador en 1971.

minicomputadora: así se llamaba a un aparato independiente del tamaño de un refrigerador empleado en aplicaciones de negocios que requerían más potencia y más memoria que la de una microcomputadora, pero menos que la de un equipo central. Las minicomputadoras se han visto reemplazadas por redes de computadoras pequeñas unidas por un servidor potente.

MP3: formato muy popular de archivos de sonido, que está comprimido y facilita así el compartir y descargar archivos de música.

PC (Personal Computer): computadora personal. El primero fue un kit llamado Altair. El término PC es una denominación genérica otorgada a las computadora que utilizan el sistema operativo Windows de Microsoft. Los Apple Macintosh son también computadoras personales, pero se les suele llamar «Macs», una distinción con la que ha jugado la compañía en su campaña publicitaria Mac-PC.

RAM (Random Access Memory): es la memoria de acceso aleatorio, unos chips de memoria a los que se accede muy rápido. Cuando abres un programa o un archivo, este se carga en la RAM. La RAM dinámica (DRAM) se suele considerar la memoria del equipo y su contenido se ha de actualizar continuamente, de ahí que requiera más potencia. Los chips de RAM estática (SRAM) pueden retener su contenido sin necesidad de que este se actualice de forma constante.

ROM (Read-Only Memory): memoria de solo lectura. Son chips de memoria cuyo contenido es permanente y lo conservan con independencia de que el equipo esté encendido o apagado. Solo se puede escribir en el chip una vez, normalmente durante el proceso de fabricación.

semiconductor: este término suele utilizarse para referirse a los chips o circuitos integrados que hacen funcionar los aparatos electrónicos. Alude también a materiales, como el silicio, que se puede utilizar tanto para transmitir como para bloquear una corriente eléctrica.

sistema operativo (OS): el programa esencial en una computadora, que lleva a cabo tareas de mantenimiento de los archivos del disco, ejecuta programas y maneja dispositivos tales como el mouse y la impresora.

software: programas informáticos hechos a base de líneas de código que le dicen a una computadora lo que tiene que hacer, o que te permiten usarla de distintos modos.

tableta (o tablet): es una computadora pequeña y ultraligera diseñada para poder llevártela contigo a donde quieras. Algunas tabletas utilizan punteros con forma de lápiz, y otras se usan con los dedos.

unidad de disco: dispositivo de almacenamiento de datos, que los lee y los escribe en discos.

ventas o ingresos: términos empleados indistintamente, que hacen referencia al dinero que recibe una empresa u organización a cambio de sus bienes o servicios.

WYSIWYG: es el acrónimo de *What You See Is What You Get,* «lo que ves es lo que obtienes», y significa que por la impresora saldrá exactamente lo que ves en la pantalla de la computadora. Otras tecnologías más antiguas requerían que el usuario introdujera códigos para dar formato a un documento, y después tenía que esperar a ver cómo quedaba cuando el documento salía por la impresora.

Índice onomástico

Créditos de
las fotografías

Pág. 2, fotografía de Norman Seeff; pág. 6, foto de Paul Gro-ver/Rex USA, cortesía de Everett Collection; pág. 8, Associa-ted Press/Palo Alto Daily News, Jack Arent; pág. 14, foto de Otis Ginoza; págs. 17, 35, 38, fotos por cortesía de Seth Pop-pel/Yearbook Library; pág. 50, Reed College, Edis Jurcys; pág. 60, http://en.wikipedia.org/wiki/File:Pong.png; pág. 68, Paul Sakuma/Associated Press; pág. 64, Jessica Brandi Lifland/Pola-ris; pág. 80, http://archive.computerhistory.org/resources/text/Apple/Apple.AppleI.1976.102646518.pdf; pág. 89; Photos-hot/Everett Collection; pág. 101, http://archive.computerhis-tory.org/resources/text/Apple/Apple.II.1977.102637933.pdf; pág. 106, permiso por cortesía de la revista *Inc.*; pág. 114, foto por cortesía de Palo Alto Historical Association; págs. 118-119, 138, fotografía de Norman Seeff; pág. 143, http://www.usatoday.com/tech/columnist/kevinmaney/2004-01-28-maney_x.htm; pág. 144, fotografía de Norman Seeff; pág.

154, Doug Menuez/Associated Press; pág. 172, Ed Kashi/VII; pág. 178, Ron Sachs/Polaris; pág. 182, © Najlah Feanny/ CORBIS SABA; pág. 188, Randi Lynn Beach/Associated Press; pág. 200, foto de Joe Ravi/Creative Commons Attribution-Share Alike; pág. 210, Julia Malakie/Associated Press; pág. 220, cortesía de Gastlight Ad Archives; pág. 224, Paul Sakuma/Associated Press; pág. 228, cortesía de Gastlight Ad Archives; pág. 235, foto de Anna Roberto; pág. 239, HereTo-Help/Creative Commons Attribution-Share Alike 3.0 Unported; pág. 240, Marcio Jose Sanchez/Associated Press; pág. 256, Lea Suzuki/Corbis; pág. 268, Jonathan Sprague/Redux; pág. 284, Xinhua/eyevine/Redux; pág. 300, Peter Dasilva/The New York Times/Redux; pág. 304, Associated Press; pág. 308, foto de Justin Sullivan/Getty Images; cronología págs. 310-313, ilustraciones de Michael Weldon; pág. 314, foto de Brad Blumenthal; pág. 344, foto por cortesía de Palo Alto Historical Association; foto de las guardas de Norman Seeff; las citas que abren cada sección son del propio Steve Jobs.

Este libro se terminó de imprimir en abril de 2012
en Quad/Graphics Querétaro, S. A. de C. V.,
Fracc. Agro Industrial La Cruz El Marqués
Querétaro, México.